PIZZA D

NGA ITALI ME DASHURI

100 RECETA TË SHUMËSHME PIZCA DHE MAKARONA

Fatmir Frroku

Mohim përgjegjësie

Informacioni i përmbajtur në këtë eBook ka për qëllim të shërbejë si një koleksion gjithëpërfshirës i strategjive për të cilat autori i këtij libri elektronik ka bërë kërkime. Përmbledhjet, strategjitë, këshillat dhe truket rekomandohen vetëm nga autori, dhe leximi i këtij libri elektronik nuk do të garantojë që rezultatet e dikujt do të pasqyrojnë saktësisht rezultatet e autorit. Autori i librit elektronik ka bërë të gjitha përpjekjet e arsyeshme për të ofruar informacion aktual dhe të saktë për lexuesit e librit elektronik. Autori dhe bashkëpunëtorët e tij nuk do të mbajnë përgjegjësi për ndonjë gabim ose lëshim të paqëllimshëm që mund të gjendet. Materiali në eBook mund të përfshijë informacione nga palë të treta. Materialet e palëve të treta përmbajnë mendime të shprehura nga pronarët e tyre. Si i tillë, autori i librit elektronik nuk merr përsipër përgjegjësi ose përgjegjësi për ndonjë material ose opinion të palëve të treta.

TABELA E PËRMBAJTJES

PREZANTIMI

Një picë e shijshme nuk është më misterioze apo magjike sesa omëletat që bëni të dielave ose sanduiçi me djathë i pjekur në skarë që keni perfeksionuar për njëzet vjet. Të njëjtat parime zbatohen. Përdorni përbërësit më të mirë që mundeni dhe vazhdoni. Mos hiqni dorë. Ju mësoni gjëra kur i digjni gjërat.

Kur është e përsosur ose afër saj, kuptoni pse, mbani mend atë që keni bërë dhe përsërisni përsëri dhe përsëri derisa fëmijët tuaj t'ju kërkojnë t'i mësoni ta bëjnë atë.

PIZZA PASTA

1. Pica me makarona caponata

Rendimenti: 1 porcion

Përbërësit

- 2 gota makarona të mbetura; pa salcë
- 2 luge vaj
- $\frac{1}{2}$ filxhan Kaponata e mbetur; (shih CL9295, 3/16)
- $\frac{1}{2}$ filxhan mocarela e grirë
- 1 Sallam i gatuar

Drejtimet

a) Në një tigan 10 inç që nuk ngjit ngrohni 2 lugë vaj. Shtoni aq makarona të gatuara në tigan për të bërë një tortë të hollë.

b) Gatuajini derisa të marrin kore dhe të marrin ngjyrë kafe të artë në fund, duke e shtypur lehtë, 20 deri në 25 minuta. Kthejeni dhe skuqeni nga ana tjetër edhe 10 minuta. Sipër hidhni kaponata, mocarela të grirë në rende dhe sallam të prerë në feta.

c) Mbulojeni dhe ngroheni për 3 minuta të tjera ose derisa djathi të shkrihet.

2. Pica me makarona

Rendimenti: 8 racione

Përbërësit

- 1 lugë erëza italiane
- 2 hudhra; i grimcuar
- ½ lugë çaji piper i kuq; i grimcuar
- 1 8 oz salcë domate
- ¼ filxhan djathë parmixhano pa yndyrë
- 1 15 oz domate të ziera
- 2 gota perime: selino, qepë, speca zile të kuqe dhe jeshile, karrota ose spinaq
- ½ filxhan bizele
- 1 filxhan djathë mocarela pa yndyrë

Drejtimet

a) Ngroheni furrën në 400.

b) Në një tenxhere me ujë të vluar, gatuajini makaronat derisa të jenë paksa të gatuara; kulloj.

c) Vendosni makaronat në një enë pjekjeje 9"x13" që është spërkatur me llak gatimi; hidhini me erëza italiane, hudhër, piper të kuq të grimcuar, salcë domatesh dhe djathë parmixhano.

d) Hidhni sipër domatet e ziera, më pas shtrojini përbërësit e mbetur, duke përfunduar me djathin mocarela. Piqni 25 deri në 30.

3. Makarona të mbushura në stilin e picës

Rendimenti: 4 porcione

Përbërësit

- 30 Predha Jumbo; OSE... Predha Manicotti, të papjekura
- 3 kunguj të njomë; të grira
- 2 lugë çaji pluhur hudhër
- 1 filxhan bukë me thërrime të stilit italian
- $1\frac{1}{2}$ ons feta pepperoni të grira në copa të vogla
- 1 e bardhe veze e madhe
- 3 gota salcë domate me pak natrium
- 1 lugë çaji rigon i tharë
- 1 lugë çaji Borzilok i tharë
- 3 ons djathë mocarela e skremuar pjesërisht e grirë
- $\frac{1}{4}$ filxhan djathë parmixhano të grirë

Drejtimet

a) Përgatitni makaronat sipas udhëzimeve të paketimit.

b) Ndërsa makaronat janë duke u gatuar, ngrohni furrën në 450 gradë F. Hidhni kungulleshkat me pluhurin e hudhrës dhe vendosini në një kullesë. Lëreni të qëndrojë 5 minuta dhe më pas shtrydhni sa më shumë lagështi.

c) Në një tas të madh, përzieni përzierjen e kungujve me thërrimet e bukës, specin dhe të bardhën e vezës, duke i trazuar mirë. Në një tas mesatar, përzieni përbërësit për salcën.

d) Kur makaronat të jenë gati, kullojini mirë. Shpëlajeni me ujë të ftohtë dhe kullojeni sërish.

e) Mbushni lëvozhgat me përzierjen e mbushjes dhe renditini në një tavë 9 x 13 x 2 inç. Hidhni salcën me lugë mbi makaronat dhe spërkatni me djathë mocarela dhe parmixhan.

f) Piqni pa mbuluar 15 deri në 20 minuta ose derisa djathi të jetë shkrirë.

4. Sallatë me makarona pica

Rendimenti: 6 porcione

Përbërësit

- 1 kile Rotini, Përdredha ose Spirale të papjekura
- 3 ons speca me feta
- 4 ons djathë Provolone i prerë në feta
- 12 domate qershi, të përgjysmuara
- ½ filxhan djathë parmixhano të grirë
- ½ filxhan salcë sallatë italiane (pa yndyrë)
- 1 lugë çaji erëza italiane
- ½ lugë çaji hudhër të grirë
- 1 Piper zile jeshile (farat dhe brinjët e hequra) i prerë në unaza
- 2½ 7-inç raunde buke pita

Drejtimet

a) Përgatitni makaronat sipas udhëzimeve të paketimit. Ndërsa makaronat janë duke u gatuar, preni fetat e specit në të katërtat dhe priteni djathin Provolone në copa të madhësisë së shkrepëses.

b) Vendoseni në një tas të madh. Shtoni domatet qershi, djathin parmixhano, salcën italiane, erëzat italiane dhe hudhrën.

c) Kur makaronat të jenë gati, kullojini dhe shpëlajini me ujë të ftohtë. Kullojeni përsëri. Shtoni makaronat në përzierjen e djathit dhe përziejini mirë. Ndani bukën e pitës në katër katërsh dhe vendoseni rreth një pjate të madhe. Hidhni sipër sallatën me makarona dhe zbukurojeni me rrathë piper jeshil.

5. Makarona në stil pica

Rendimenti: 8 racione

Përbërësit

- 3 gota Rotina e gatuar, e kulluar
- 2 gota salcë picash, shtëpi ose komerciale
- 1 filxhan feta piperoni
- 1 filxhan Fetë shirita piper të kuq
- 2 filxhanë djathë mocarela, të grirë dhe të ndarë

Drejtimet

a) Përziejini së bashku të gjithë përbërësit, duke kursyer rreth $\frac{1}{2}$ filxhan mocarela të grirë për ta spërkatur sipër. Hidhni me lugë në një tavë të cekët të lyer me yndyrë dhe spërkatni mbi $\frac{1}{2}$ filxhan djathë mocarela.

b) Piqeni në një furrë 350F për rreth 20 minuta, ose derisa djathi të marrë flluska dhe të fillojë të skuqet pak.

6. Pica me makarona primavera me ushqim deti

Rendimenti: 10 racione

Përbërësit

- 8 ons Vermiçeli të papjekur ose makarona flokësh me kënd
- ¼ filxhan Gjalpë, i shkrirë
- 1 filxhan Gjysmë e gjysmë
- 4 Të verdhat e vezëve të rrahura
- 1 filxhan djathë parmixhano të sapo grirë
- 2 lugë gjalpë, deri në...
- 4 lugë Gjalpë
- ½ filxhan qepë jeshile të prera në feta
- ½ filxhan Piper zile të kuqe të prerë në shirita 1 x 1/4 "
- 1 thelpi hudhër, e grirë
- 2 filxhanë brokoli të ngrirë, lulelakër, bizele
- ½ filxhan djathë parmixhano të grirë
- 1½ lugë çaji kripë hudhër
- 3 vezë, të rrahura
- 1 lugë gjelle Sheri të thatë
- ⅛ lugë çaji kripë hudhër

- $\frac{1}{8}$ lugë çaji Piper speca të verdhë, copa të shkrira lg të prera
- $4\frac{1}{2}$ ons Jar Green Giant Kërpudha të prera në feta, të kulluara
- 3 gota fruta deti (karkaleca të vogla të papjekura me lëvozhgë, fiston dafine dhe mish gaforre)
- $1\frac{1}{4}$ filxhan djathë mocarela e grirë

Drejtimet

a) Gatuani vermiçelin në masën e dëshiruar siç udhëzohet në paketim.

b) Kullohet; mbaje ngrohtë. Ngroheni furrën në 350 gradë. Spërkateni tiganin 12" të picës ose tiganin 13 x 9" me llak gatimi që nuk ngjit. Në një tas të madh, kombinoni vermiçelin e nxehtë, $\frac{1}{4}$ c gjalpë të shkrirë, $\frac{1}{2}$ c parmixhan dhe $1\frac{1}{2}$ t kripë hudhër; përzieni mirë. Palosni 3 vezë.

c) Përhapeni përzierjen në mënyrë të barabartë në një tigan të lyer me spërkatje, duke formuar një buzë rreth buzës. Piqni për 12 deri në 15 minuta ose derisa të jetë vendosur. Në një tenxhere të mesme duke përdorur rrahëse teli, rrihni gjysmën dhe gjysmën dhe 4 të verdhat e vezëve derisa të përzihen mirë.

d) Gatuani në zjarr mesatar-të ulët derisa përzierja të marrë një valë, duke e përzier vazhdimisht. Shtoni 1 c djathë parmixhano, sheri, $\frac{1}{8}$ t hudhër kripë dhe piper; gatuajeni dhe përzieni derisa masa të trashet.

e) Hiqeni nga nxehtësia; mbulojeni dhe lëreni mënjanë. Shkrini 2 T gjalpë në një tigan të madh mbi nxehtësinë mesatare-të lartë. Shtoni qepë, piper zile dhe hudhër; gatuajeni dhe përzieni 2 deri në 3 minuta ose derisa të zbuten. Shtoni perime dhe kërpudha; gatuajeni dhe përzieni 5 deri në 6 minuta ose derisa perimet të jenë të freskëta.

f) Shtoni ushqim deti në tigan; gatuaj 2 deri në 3 minuta ose vetëm derisa ushqimi i detit të bëhet i errët. Palosni salcën në përzierjen e ushqimeve të detit. Hidhni mbi koren e makaronave; sipër me djathë mocarela. Piqni për 10 deri në 15 minuta ose derisa djathi të shkrihet. Ziejini për 2 deri në 4 minuta ose derisa djathi të marrë flluska dhe të skuqet lehtë.

g) Lëreni të qëndrojë 5 deri në 10 minuta. Nëse dëshironi, zbukurojeni picën e plotë me karkaleca fluturash të gatuara dhe borzilok të freskët ose dekorojeni servirjet individuale me karkaleca shtesë të gatuar, fiston dhe paprika.

BRUM PIZZA DHE PASTA

7. Brumë picash

Bën të mjaftueshme për katër pica 10 inç

- 1 zarf ($2\frac{1}{4}$ lugë çaji; 9 gram) maja e thatë aktive
- 2 gota ujë të ngrohtë (105° deri në 110°F)
- 5 deri në $5\frac{1}{2}$ filxhanë bukë ose miell tjetër me shumë proteina, mundësisht organik dhe i sapo bluar, plus më shumë për pluhurosje
- 2 lugë çaji (12 gram) kripë deti të imët
- Vaj ulliri ekstra i virgjër, për lyerjen e tasit

Bashkoni majanë dhe ujin e ngrohtë në një tas të madh. Lëreni majanë të përzihet dhe lëreni të veprojë për 5 minuta. Ju po i jepni pak një nisje, duke i dhënë pak hapësirë për t'u aktivizuar, për të marrë frymë.

Kur majaja të jetë tretur, përzieni 3 gota miell, duke e përzier butësisht derisa të jetë e qetë. Po le të martohet mielli me majanë. Ngadalë shtoni 2 filxhanë më shumë miell, duke e përpunuar butësisht. Ju duhet të jeni në gjendje të nuhasni majanë që funksionon - atë erë të lumtur majaje. Shtoni kripën. (Nëse e shtoni kripën më herët, kjo mund të pengojë rritjen e majasë.) Nëse është e nevojshme, shtoni deri në $\frac{1}{2}$ filxhan më shumë miell 1 lugë gjelle në të njëjtën kohë, duke e përzier derisa brumi të largohet nga tasi por të jetë ende ngjitës.

Kthejeni brumin në një sipërfaqe pune të lyer me miell dhe filloni punën. Vendoseni brumin në banak, duke e tërhequr drejt vetes me njërën dorë, ndërsa me dorën tjetër e shtyni, shtrini dhe palosni përsëri në vetvete. Përsëriteni procesin derisa brumi të jetë dukshëm më i lehtë për t'u trajtuar, 10 deri në 15 herë, më pas gatuajeni derisa të jetë i qetë dhe elastik, i butë dhe ende pak ngjitës. Kjo duhet të zgjasë rreth 10 minuta, por këtu, ndjenja është gjithçka. (Një nga mjetet më të çmuara që kam në kuzhinën time është një kruajtëse brumi nga plastika. Nuk kushton pothuajse asgjë dhe më lejon të sigurohem që të mos mbetet asnjë copë brumë.)

Formoni brumin në një top dhe vendoseni në një tas të madh të lyer me pak yndyrë. Rrotulloni brumin për ta lyer me vaj, më pas mbulojeni tasin me mbështjellës plastik dhe lëreni brumin të pushojë në një vend të ngrohtë derisa të dyfishohet në përmasa, 3 deri në 5 orë. Kur shtypni brumin plotësisht të izoluar me gishtin tuaj, dhëmbëzimi duhet të mbetet.

E kthejmë brumin e lyer në një sipërfaqe pune të lyer me miell dhe e presim në 4 pjesë. Rrotulloni copat në toptha dhe i pudrosni me miell. Mbulojini me mbështjellës plastik dhe lërini të pushojnë edhe për një orë, ose derisa të dyfishohen në masë.

Brumi është gati për t'u dhënë formë, sipër dhe për t'u pjekur. Nëse nuk dëshironi të bëni 4 pica në të njëjtën kohë, topat e brumit mund të mbështillen mirë dhe të ruhen në frigorifer deri në 8 orë ose të ngrihen deri në 3 javë; shkrini në frigorifer dhe lëreni të vijë në temperaturën e dhomës përpara se të vazhdoni.

8. Brumë makaronash limoni

Përbërësit:

- $2\frac{1}{4}$ filxhan miell për të gjitha përdorimet
- $\frac{3}{4}$ lugë çaji kripë
- 3 vezë (duke përdorur 2 vezë të plota + 1 të verdhë veze)
- 2 lugë lëng limoni
- 3 luge gjelle lekuren e limonit te grire imet
- 1 luge vaj ulliri

Drejtimet:

a) Vendosni miellin në një sipërfaqe të madhe të lyer me miell. Bëni një pus në qendër. Thyeni vezët në pus. Shtoni kripën, vajin dhe ujin. Rrihni përzierjen në pus me një pirun.

b) Duke përdorur një pirun, filloni butësisht të përpunoni miellin në lëng. Vazhdoni derisa brumi të bëhet ngjitës dhe i vështirë për t'u punuar me pirun. Përdorni duart tuaja për të formuar brumin e përafërt në një top.

c) Transferoni brumin në një sipërfaqe të lyer pak me miell. Ziejeni brumin derisa të jetë i qetë dhe elastik, rreth 10 minuta. Mbështilleni topin e brumit në një mbështjellës plastik dhe lëreni të pushojë për 10-15 minuta.

d) Vazhdoni me rrotullimin dhe prerjen e makaronave.

9. Brumë paste me paste domate

Përbërësit:

- 2 $\frac{1}{4}$ gota miell për të gjitha përdorimet
- 2 vezë $\frac{3}{4}$ lugë çaji kripë
- 1 luge vaj ulliri
- 1 lugë ujë
- 1/3 filxhan pastë domate

Drejtimet:

a) Vendosni miellin në një sipërfaqe të madhe të lyer me miell. Bëni një pus në qendër. Thyeni vezët në pus. Shtoni kripën, vajin dhe ujin. Rrihni përzierjen në pus me një pirun. Duke përdorur një pirun, filloni butësisht të përpunoni miellin në lëng.

b) Vazhdoni derisa brumi të bëhet ngjitës dhe i vështirë për t'u punuar me pirun. Përdorni duart tuaja për të formuar brumin e përafërt në një top. Transferoni brumin në një sipërfaqe të lyer pak me miell.

c) Ziejeni brumin derisa të jetë i qetë dhe elastik, rreth 10 minuta. Mbështilleni topin e brumit në një mbështjellës plastik dhe lëreni të pushojë për 10-15 minuta.

d) Vazhdoni me rrotullimin dhe prerjen e makaronave.

10. Makarona me grurë të plotë

(bën 1 12/lbs.)

Përbërësit:

- 1 ½ filxhan miell për të gjitha përdorimet
- 4 vezë
- 1 ½ filxhan miell gruri integral
- 1 luge vaj ulliri
- 3 lugë ujë ½ lugë çaji kripë

Drejtimet:

a) Vendosni miellin në një sipërfaqe të madhe të lyer me miell. Bëni një pus në qendër. Thyeni vezët në pus. Shtoni kripën, vajin dhe ujin. Rrihni përzierjen në pus me një pirun. Duke përdorur një pirun, filloni butësisht të përpunoni miellin në lëng. Vazhdoni derisa brumi të bëhet ngjitës dhe i vështirë për t'u punuar me pirun. Përdorni duart tuaja për të formuar brumin e përafërt në një top.

b) Transferoni brumin në një sipërfaqe të lyer pak me miell. Ziejeni brumin derisa të jetë i qetë dhe elastik, rreth 10 minuta. Mbështilleni topin e brumit në një mbështjellës plastik dhe lëreni të pushojë për 10-15 minuta.

c) Vazhdoni me rrotullimin dhe prerjen e makaronave.

11. Brumë makaronash me spinaq

Përbërësit:

- 2 $\frac{1}{4}$ gota miell për të gjitha përdorimet
- 2 vezë
- $\frac{3}{4}$ lugë çaji kripë
- 1 lugë çaji vaj ulliri
- 1 tufë gjethe spinaqi bebe, të lara

Drejtimet:

a) Prisni bishtat e spinaqit dhe vendosini në 3 litra ujë të vluar. Hidheni spinaqin në ujin e vluar dhe ziejini për 2 minuta. Hiqeni nga uji i vluar me një lugë të prerë dhe vendoseni menjëherë në një enë me ujë të ftohtë dhe akull.

b) Kur spinaqi të jetë ftohur, hiqeni nga uji dhe vendoseni në peshqir letre. Lyejeni me peshqir letre shtesë, duke hequr sa më shumë ujë. Vendoseni në procesor dhe bëjeni pure derisa të bëhet një pastë shumë e imët.

c) Në mikser hedhim miellin, kripën, vezët, spinaqin dhe vajin e ullirit. Përziejini mirë derisa të formohet brumi. Nëse ngjitet shumë si pak miell dhe vazhdojmë përzierjen. Ziejini në një dërrasë të lyer pak me miell dhe mbështilleni me mbështjellës plastik për të pushuar për 10-15 minuta. Pritini sipas dëshirës.

12. Makarona pa gluten

Përbërësit:

- 2/3 filxhan miell misri
- ½ filxhan miell quinoa
- ½ filxhan niseshte patate
- 2 lugë çaji çamçakëz Xanthan
- 1 lugë çaji çamçakëz Guar
- 1 lugë çaji kripë deti e imët
- 2 vezë të mëdha
- 4 të verdha veze nga vezët e mëdha

Drejtimet:

a) Shosh miellin e misrit, miellin e quinoas dhe niseshtenë e patates në një tas të madh. Shtoni çamçakëzin xanthan, çamçakëzin guar dhe kripën. Përzieni të gjithë përzierjen në tasin e mikserit.

b) Vendosni vezët dhe të verdhat e vezëve në enën me përbërës të thatë.

c) Vëreni mikserin me shpejtësi mesatare me një pajisje me lopatë derisa brumi të ndihet i formuar plotësisht, rreth 3 minuta. Brumi përfundimtar duhet të ndihet i fortë, por ende i lakueshëm.

d) Pritini brumin në 4 pjesë. Dhe hapeni secilën pjesë në trashësi rreth $\frac{1}{2}$ inç. Miell lehtë të dyja anët e brumit me pak niseshte patate. Kaloni nëpër makinën e makaronave.

e) Kur gatuani makarona pa gluten, shtoni petë në ujë të vluar dhe kur të ngrihet lart, provoni një copë. Një moment është al dente dhe tjetri është një top i madh me pure, ndaj shikoni tenxheren me kujdes. Zakonisht rreth 4-5 minuta

f) Ju mund të zëvendësoni miellin e tapiokës ose niseshte misri për niseshtenë e patates

13. Brumë makaronash cilantro

Rendimenti: 1 porcion

Përbërësit:

- 1 filxhan miell
- $\frac{1}{4}$ filxhan cilantro e grirë trashë
- $\frac{1}{4}$ lugë çaji kripë
- 1 vezë e rrahur
- 4 lugë çaji Ujë
- 1 lugë çaji vaj ulliri
- 2 luge miell

Drejtimet:

a) Përziejini së bashku miellin, cilantron dhe kripën në një tas. Bëni një pus në qendër. kombinoni ujin, vezën dhe vajin e ullirit. Shtoni në përzierjen e miellit dhe përzieni mirë.

b) Spërkateni një sipërfaqe të sheshtë me 2 lugë miell.

c) Kthejeni brumin në sipërfaqe. Ziejeni derisa brumi të jetë i qetë dhe elastik, rreth 10 minuta. Mbulojeni dhe lëreni të pushojë për 10 minuta.

d) Ndani brumin në gjysmë; formësoni secilën gjysmë në një top.

14. Brumë makaronash për përpunues ushqimi

Rendimenti: 1 porcion

Përbërësit:

- 2 gota miell për të gjitha përdorimet
- 2 vezë të mëdha; i rrahur lehtë
- 1 luge vaj ulliri

Drejtimet:

a) Në një përpunues ushqimi përzieni miellin, vezët, vajin dhe $1\frac{1}{2}$ lugë gjelle ujë derisa përzierja të fillojë të formojë një top, duke shtuar më shumë ujë pikë-pikë nëse brumi është shumë i thatë. (Brumi duhet të jetë i fortë dhe jo ngjitës.)

b) Përziejeni brumin edhe për 15 sekonda për të gatuar. Brumi mund të përgatitet deri në këtë pikë dhe të mbahet i mbuluar dhe i ftohur deri në 4 orë. Lëreni brumin të qëndrojë i mbuluar me një tas të përmbysur në temperaturën e dhomës për 1 orë.

c) Për të rrotulluar brumin e makaronave: Vendosni rrotullat e lëmuara të një makinerie makaronash në numrin më të lartë. (Rrotullat do të jenë larg njëri-tjetrit.)

d) Ndani çdo kilogram brumë në 6 pjesë, rrafshoni 1 copë në një drejtkëndësh të ashpër dhe mbuloni pjesët e mbetura me një tas të përmbysur.

e) Pluhuroni drejtkëndëshin me miell dhe futeni përmes rrotullave. Paloseni drejtkëndëshin përgjysmë dhe futeni nëpër rrotulla 8 ose 9 herë të tjera, duke e palosur në gjysmë çdo herë dhe duke e pluhurosur me miell nëse është e nevojshme për të mos u ngjitur.

f) Kthejeni numrin me një shkallë poshtë dhe futeni brumin nëpër rrotulla pa e palosur.

g) Vazhdoni ta fusni brumin nëpër rrotulla pa e palosur, duke e kthyer numrin një shkallë më poshtë çdo herë, derisa të arrihet niveli më i ulët ose i dytë më i ulët.

h) Brumi i makaronave duhet të jetë një fletë e lëmuar, e gjatë rreth 4 ose 5 inç e gjerë dhe rreth 1/16 inç e trashë. Rrotulloni brumin e mbetur të makaronave në të njëjtën mënyrë.

15. Brumë me makarona barishtore

Rendimenti: 1 porcione

Përbërësit:

- 2 gota miell për të gjitha përdorimet
- 1 lugë çaji Kripë
- 2 vezë të mëdha, të rrahura lehtë
- 1 luge vaj ulliri
- $\frac{1}{4}$ filxhan Ujë plus 3 lugë çaji ujë
- 1 gjethe të mëdha majdanoz italian, të lara dhe të thara
- Kopër, tarragon ose cilantro, larë dhe tharë

Drejtimet:

a) Në një procesor ushqimi bashkoni miellin, kripën, vezët, vajin dhe $\frac{1}{4}$ filxhani ujë; përpunoni derisa brumi të fillojë të formojë një top. Shtoni më shumë ujë, vetëm nëse është e nevojshme, 1 lugë çaji në të njëjtën kohë. Përpunoni edhe 30 sekonda për të gatuar. Hiqeni brumin nga procesori dhe pushoni, të mbuluar me tas të përmbysur, në temperaturën e dhomës për 1 orë.

b) Ndani brumin në 4 pjesë. Vendosni rrotullat e makinës së makaronave në vendosjen më të gjerë.

c) Rrafshoni 1 copë brumi në një drejtkëndësh (mbuloni pjesët e tjera me tas të përmbysur). Pluhuroni lehtë drejtkëndëshin me miell dhe ushqeni nëpër rrotulla. Paloseni drejtkëndëshin përgjysmë dhe futeni nëpër rrotulla 6 deri në 8 herë të tjera, duke e palosur në gjysmë çdo herë dhe duke e pluhurosur lehtë me miell për të mos u ngjitur në makinë. Kthejeni numrin me një shkallë poshtë dhe ushqeni brumin në vendosjen e fundit.

d) Pritini fletët e brumit në gjatësi të barabarta. Mbuloni sipërfaqen e një flete me gjethe barishte të freskëta (rrjedhët e hequra). Spërkateni me fletën e dytë të brumit. Me petëzimin e lyer lehtë me miell, rrotulloni fletët e brumit për t'u mbyllur. Presim brumin në forma të mëdha me rrotë ose thikë pastiçerie dhe e pudrosim shumë lehtë me miell.

16. Brumë makaronash me kërpudha-hudhër

Rendimenti: 1 porcion

Përbërësit:

- 1 vezë
- 1 luge vaj
- ¼ filxhan Ujë
- ½ lugë çaji kripë
- 14½ lugë çaji Piper i zi
- 1 lugë hudhër të grirë
- 5 kërpudha me madhësi mesatare
- 2 gota miell

Drejtimet:

a) Hidhni miellin në koshin e përzierjes së makaronave. Bëni pure 7 përbërësit e parë. Shtoni në miell në koshin e përzierjes.

b) Përzieni tërësisht.

c) Nëse brumi është shumë ngjitës, shtoni më shumë miell, nga një herë; nëse brumi është shumë i thatë, shtoni më shumë ujë, nga pak, derisa brumi të jetë konsistenca e duhur për t'u ekstruduar.

17. Brumë i shkurtër pastiçerie

Rendimenti: 1 porcione

Përbërësit:

- 2 gota miell të pazbardhur për të gjitha përdorimet
- $\frac{1}{2}$ filxhan Sheqer
- $\frac{1}{4}$ lugë çaji kripë
- $\frac{7}{8}$ filxhan gjalpë pa kripë; (1 3/4 shkopinj) në temperaturën e dhomës
- 1 vezë e plotë
- 1 E verdhe veze
- $\frac{3}{4}$ lugë çaji ekstrakt vanilje
- $\frac{1}{2}$ lugë çaji ekstrakt limoni
- Shtesë miell për punë Sipërfaqja dhe Duart

Drejtimet:

a) Në një tas të madh përzierjeje, bashkoni miellin, sheqerin, kripën dhe gjalpin. Duke përdorur një mikser dore të vendosur në shpejtësi të ulët, rrihni derisa masa të bëhet e thërrmuar dhe të formojë topa në madhësinë e bizeleve.

b) Në një tas të veçantë kombinoni të gjithë vezën, të verdhën e vezës dhe ekstraktet e vaniljes dhe limonit dhe rrihni lehtë së bashku me një pirun. Shtoni vezën e rrahur lehtë së bashku me një pirun. Shtoni përzierjen e vezëve në përzierjen e miellit dhe rrihni me shpejtësi të ulët derisa të formohet një masë e ashpër dhe e ashpër.

c) Kthejeni brumin në një sipërfaqe pune të lyer lehtë me miell. I pudrosni duart me miell dhe gatuajeni brumin derisa të jetë i qetë dhe të gjithë përbërësit të jenë përfshirë plotësisht, rreth 1 minutë.

d) Mbështilleni dhe ftoheni për të paktën 1 orë para përdorimit, ose ruajeni deri në 4 ditë.

e) Nëse ftohet për më shumë se 1 orë, brumi do të jetë mjaft i fortë. Lëreni të ngrohet pak para se të filloni të punoni me të. Mund ta shtypni disa herë me një gjilpërë për ta bërë më të lakueshëm. Mos e trajtoni shumë ose do të piqet fort. (Bën rreth $1\frac{1}{4}$ paund brumë)

18. Makarona bazike me bollgur

4 servirje

Përbërësit:

- 400 gram miell bollgur (14,1 oz.) plus më shumë për rrotullimin e brumit
- 4 vezë të mëdha të rrahura lehtë, mundësisht organike dhe me rreze të lirë
- 1/2 lugë çaji kripë deti të imët

Drejtimet:

a) Hidhni miellin në një banak kuzhine të pastruar mirë dhe formoni atë në formën e një foleje.

b) Në pusin në qendër të miellit shtoni vezët e rrahura lehtë dhe kripën.

c) Filloni të përzieni përzierjen së bashku me një pirun, duke shtuar ngadalë miellin nga skajet e jashtme të folesë në qendër derisa i gjithë të përfshihet mirë.

d) Pasi përzierja miell-vezë të jetë përfshirë plotësisht, mbuloni banakun dhe duart tuaja me një spërkatje miell. Ziejeni brumin për rreth 15 minuta derisa të arrijë konsistencën e argjilës modeluese.

e) Formoni brumin në një top dhe mbështilleni me mbështjellës plastik dhe vendoseni në frigorifer për rreth 30 minuta.

f) Pasi të jetë ftohur, vendoseni brumin në një sipërfaqe të pastër të pluhurosur me miell bollguri (përsëri, për të mos u ngjitur) dhe ndajeni në dy pjesë të barabarta.

g) Spërkatni më shumë miell në banak dhe në një okllai. Rrafshoni topin e brumit me petullën (ose me makarona nëse keni në dispozicion).

h) Rrotulloni brumin me njësinë e kunjave që të bëhet i tejdukshëm. Shtoni pluhur në banak, duart tuaja dhe kunja sipas nevojës. Ky është një proces mjaft i gjatë që kërkon deri në 20 minuta.

i) Lëreni mënjanë dhe bëni të njëjtën gjë me gjysmën tjetër. Më pas lëreni brumin të pushojë edhe për 10 minuta të tjera.

j) Pritini makaronat në rripa të hollë ose në forma të përshtatshme për ravioli ose lloje të tjera petë.

k) Petët e përfunduara i pudrosni me miell dhe i varni njësi ato janë gjysmë të thata. Pasi të jenë tharë pjesërisht, mund t'i ngrini ose t'i ruani deri në katër ditë në frigorifer.

19. Makarona me miell bajamesh

rendimenti: 4 RERBIME

Përbërësit:

- 2 gota (240 g) miell bajamesh të zbardhur super të imët
- ½ filxhan + 2 lugë gjelle (82 g) miell tapioke/niseshte, plus më shumë për rrotullim
- ¼ filxhan (44 g) miell orizi i ëmbël
- 1 lugë çaji çamçakëz xanthan
- ¼ lugë çaji kripë kosher
- 4 vezë të mëdha
- 2 lugë çaji vaj ulliri ekstra të virgjër

Drejtimet:

a) Në një tas të madh ose në tasin e mikserit ose në një tas të madh përzierjeje, rrihni së bashku miellin e bajames, miellin e tapiokës, miellin e ëmbël të orizit, çamçakëzin xanthan dhe kripën.

b) Krijoni një pus në mes të miellit dhe thyeni vezët në mes. Shtoni vajin e ullirit.

c) Përdorni grepin e brumit të mikserit për të përzier vezët së bashku me miellin me shpejtësi të ulët ose, nëse e bëni këtë me dorë, përdorni një pirun për t'i rrahur lehtë vezët në mes të pusit, pastaj filloni t'i përzieni të gjitha. së bashku me miellin.

d) Pasi të jetë përzier mirë, përdorni grepin e brumit ose duart tuaja për të gatuar derisa të formohet një brumë. Duke përdorur duart tuaja, do të jetë mjaft ngjitëse, kështu që lyejini me niseshte tapioke për t'u gatuar. Ky brumë është më i butë se prekja tradicionale e makaronave.

e) Rrokullisni brumin në një top, duke e pluhurosur me niseshte tapioke dhe rrafshoni lehtë në një disk. Pritini në 6 pjesë dhe mbështilleni brumin me plastikë.

f) Sillni 3 litra ujë të ziejnë në një tenxhere të madhe me një lugë çaji kripë.

g) Një pjesë nga një, shtypni brumin në një sipërfaqe të lyer me miell tapioke derisa të jetë aq i hollë sa mund ta bëni me duar, duke i rezervuar pjesët e tjera në mbështjellës plastik nën një peshqir.

h) Me një rul makaronash ose petëzimi, hapeni secilën pjesë në një fletë të hollë, duke pluhurosur lehtë të dyja anët me miell tapioke sa herë që e kaloni nëpër rula.

i) Nëse përdorni shtojcën me rul të makaronave me ndihmën e kuzhinës, dërgojeni brumin përmes cilësimit 1, paloseni në gjysmë dhe më pas dërgojeni përsëri. Përsëriteni derisa të ushqehet plotësisht, më pas zvogëloni trashësinë me një ndalesë dhe rrotullojeni në një trashësi 2 ose 3. Plurosni secilën anë me miell tapioke përpara se ta prisni. Nëse rrotulloheni me dorë, mbuloni shumë sipërfaqen tuaj me niseshte tapioke dhe rrotullojeni derisa të jetë shumë e hollë.

j) Ose me dorë ose duke përdorur shtojcën e prerësit të fetusit, prisni secilën fletë në petë. Për ta bërë këtë me dorë, pluhurosni të dyja anët me miell tapioke, paloseni lehtë mbi vete dhe priteni në shirita të hollë. Vendosni petët në një fole në një fletë pjekjeje të lyer me tapiokë, ndërsa pjesën tjetër e hapni. Nëse i ruani, vendosni petë të pagatuara midis fletëve të letrës së pergamenës në një qese rezistente ndaj ngrirjes. Ngrijeni deri në 6 muaj. Gatuani petë të ngrira drejtpërdrejt nga qesja pa i shkrirë.

k) Hidhini petët në ujin e vluar dhe ziejini për 3-4 minuta duke i përzier herë pas here. I kullojmë makaronat në një kullesë dhe i hedhim butësisht me pak vaj ulliri që të mos ngjiten.

l) Shërbejeni me salcën tuaj të preferuar!

20. Makarona Vegan Chia të bëra vetë

shërben 4

Përbërësit:

- 300 g (2 1/3 gota) miell buke
- 100 g bollgur
- 2 lugë fara Chia
- 3/4 lugë çaji kripë
- 200 ml/1/2 filxhanë+4 ose 5 lugë ujë

Drejtimet

a) Vendosni gjithçka në procesorin e ushqimit (ose thjesht në një tas) sipas rendit që është shkruar. Mos e derdhni të gjithë ujin menjëherë, mund të mos keni nevojë për të gjithë. Pulsoni derisa gjithçka të bashkohet, nxirreni dhe gatuajeni për të marrë një brumë të bukur, të fortë, por elastik që nuk ngjitet.

b) Ndani në 10 ose më shumë pjesë, mbuloni ato që nuk përdorni në mënyrë që brumi të mos thahet. Spërkatni pak miell në sipërfaqen tuaj dhe brumin, rrotulloni (ose rrafshoni me duar) dhe kaloni nëpër makinën e makaronave nga madhësia më e trashë në më të hollë. Çarçafët duhet të jenë të gjera pasi t'i gjeni të rehatshme dhe të gjata për aq kohë sa dëshironi që makaronat tuaja të jenë. Sa i përket trashësisë: trashësia më e mirë është rreth 2 - 3 milimetra.

c) Nëse e kaloni fletën e brumit përmes makinës dhe dëgjoni farat Chia të çajnë, ajo është shumë e hollë dhe petët do të ngjiten kur të gatuhen. Spërkatini fletët me miell shpesh - kjo do të ndihmojë edhe kundër ngjitjes.

d) Kujdes që sipërfaqja ku po shtroni fletët ose makaronat e gatshme të jetë e lyer me miell. Në fund, kaloni fletët nëpër cilindra prerës në makinën tuaj dhe bëni një makarona. Ndani petët nëse ngjiten së bashku.

e) Nëse nuk keni makarona, thjesht rrotulloni brumin sa më hollë të mundeni dhe më pas prisni makaronat me thikë të mprehtë. Kujdes që brumin ta pluhurosni gjatë gjithë kohës që të mos ngjitet dhe t'ju shqetësojë nervat. Dhe ngjiteni përsëri kur të gatuhet.

f) Ndërkohë, sillni një tenxhere të madhe me ujë të ziejë. Shtoni 1 lugë gjelle kripë dhe një spërkatje uthull. Ju gjithashtu mund të shtoni një ose dy gjethe dafine për aromë të veçantë, por nëse nuk jeni të sigurt që ju pëlqen aroma e gjetheve të dafinës, më mirë mos e bëni sepse mund të duket e fortë për dikë që nuk e pëlqen.

g) Ngrini makaronat me thikë që të bjerë mielli i tepërt dhe hidhini në ujë. I trazojmë menjëherë në mënyrë që petët të ndahen dhe të mos ngjiten në fund.

h) Pas një minute të shpejtë, kur uji fillon të ziejë përsëri dhe të shkumëzojë pak, petët duhet të jenë al dente. Jepuni atyre një minutë të shkurtër dhe ata shkojnë në sitë, ose do të gatuhen shumë dhe do të ngjiten. Petët nuk duhet të jenë të tejdukshme në asnjë rast! Përkundrazi, ata janë mjaft të bardhë.

i) Gjithashtu, ato nuk do të fryhen dhe nuk do të bëhen më të trasha si makaronat me vezë. Spërkatni petët me pak vaj dhe ngrini butësisht me dy pirunë nga fundi lart në mënyrë që të mbulohen të gjitha.

j) Bëjeni në sitë, menjëherë, shtoni kripë nëse dëshironi dhe më pas kaloni në një enë tjetër.

21. Makarona me shafran

Përbërësit:

- 1 majë fije shafrani
- 2 lugë ujë të nxehtë
- 2 ½ gota miell 00 i stilit italian
- 3 vezë të mëdha
- 1 majë kripë

Drejtimet:

a) Thithni fijet e shafranit në ujë të nxehtë për 30 minuta.

b) Vendosni miellin në një sipërfaqe pune prej mermeri ose druri. Bëni një pus në qendër dhe plasni vezët; shtoni kripë dhe ujë me shafran. Rrihni butësisht vezët, shafranin dhe ujin duke përdorur një pirun, duke përfshirë miellin përreth, derisa përzierja të rrjedhë. Tërhiqeni miellin e mbetur në qendër duke përdorur një kruese stoli, duke e përfshirë derisa brumi të formojë një top. Shtoni më shumë ujë, 1 lugë gjelle në të njëjtën kohë, nëse brumi është shumë i fortë.

c) Ziejeni brumin me duar duke e rrafshuar topin, duke e shtrirë dhe duke e palosur pjesën e sipërme drejt qendrës. Kthejeni 45 gradë dhe përsërisni derisa brumi të jetë i butë dhe i lëmuar, rreth 10 minuta.

d) Formoni brumin në një top. Vendoseni në një tas dhe mbulojeni me mbështjellës plastik. Lëreni në frigorifer derisa të forcohet, 30 minuta deri në 1 orë.

e) Hapeni brumin me makarona ose me petull dhe priteni në fletë lasagna ose tagliatelle.

Salca PIZZA DHE PASTA

22. Salcë domate e grimcuar

Bën të mjaftueshme për katër pica 10 inç

Përbërësit:

- Një kanaçe prej 28 ons domate të plota
- 1 lugë gjelle vaj ulliri ekstra i virgjër
- 4 ose 5 gjethe borziloku të freskët, të grisura dhe të mavijosura (opsionale nëse domatet e konservuara përfshijnë borzilok; shihni shënimin në krye)
- Kripë deti e imët (opsionale)

Zbrazni kanaçen e domateve, me lëngun e tyre, në një tas të madh. Shtoni vajin e ullirit me borzilokun dhe kripën (nëse përdorni) dhe duke përdorur duart, shtypni domatet; hidhni çdo copë lëkure ose "sup" të verdhë të fortë ose bërthama. Sa më e mirë të jetë domatja, aq më pak ka gjasa që të gjeni supet dhe bërthamat e forta. Ju dëshironi të përfundoni me një salcë me teksturë por të mëndafshtë. Më pëlqen kur salca nuk është uniforme, kur ka ende copa domate; Gjithashtu nuk më pëlqen të përdor një blender zhytjeje ose përpunues ushqimi, sepse këto mund të nxjerrin hidhërimin e farave. Një salcë e shtypur me dorë ka një kafkë më të mirë dhe nuk do të jetë aq njëdimensionale.

Koha është përbërësi i padukshëm këtu, kështu që nëse mundeni, lëreni salcën të qëndrojë për rreth një orë në mënyrë që shijet të martohen. Sigurisht që në restorantet tona nuk kemi gjithmonë luksin e asaj kohe dhe salca është ende e mrekullueshme.

23. Salcë makaronash limoni

Serbimet: 4

Përbërësit

- 4 lugë gjelle gjalpë
- 1 filxhan krem i rëndë për rrahje
- 1 lugë gjelle lëng limoni të freskët
- 1 lugë çaji lëvore limoni
- 1 lugë çaji lëvore gëlqereje e grirë
- 1 filxhan lëng mishi
- 10 ons makarona të paziera

Drejtimet

a) Në një tigan të mirë me salcë ose ndoshta një tigan mjaft të madh për të mbajtur makaronat kur të jenë gati, futni gjalpin, ajkën dhe lëngun e mishit ose ndoshta supë dhe ziejini mbi ngrohjen e kanalit derisa të pakësohen me rreth 50%. Hidhni lëngun e limonit, limonin dhe lëkurën e limonit dhe rezervoni.

b) Sillni një tenxhere të madhe me ujë normal me kripë të lehtë. Vendosni makaronat dhe përgatisni ushqimin për 8 deri në dhjetë minuta ose derisa të jenë al dente; kulloj. Hidhni makaronat me salcë; shërbejnë.

24. Makarona të zeza në salcë Gorgonzola

Serbimet: 6

Përbërësit

- 1 (16 ons) makarona me bojë kallamari të zi
- 1/4 filxhan vaj ulliri ekstra të virgjër
- 3 qepe secila, të grira
- 5 thelpinj hudhre, te grira
- 1 filxhan verë të bardhë
- 1 filxhan lëng pule
- 8 ons djathë gorgonzola, i grimcuar
- 1 (6 ons) kanaçe pastë domate
- 5 (1/2 ons) feta proshuto, të prera në kubikë
- kripë dhe piper i zi i sapo bluar
- 1/4 filxhan djathë parmixhano të grirë
- 6 gjethe borzilok të freskët, të prerë në shirita të hollë

Drejtimet

a) Sillni një tenxhere të madhe me ujë pak të kripur të ziejë mirë. Vendosni makaronat dhe përgatisni ushqimin për 8 deri në dhjetë minuta ose derisa të jenë al dente; kulloj.

b) Ngrohni vajin që gjendet në një tigan të madh mbi nxehtësinë mesatare. Skuqini qepujt dhe hudhrat deri sa të marrin ngjyrë të artë lehtë.

c) Hidhni verën dhe lëngun e shpendëve. Lëreni të vlojë dhe përzieni në gorgonzola. Vendos paste domate dhe proshuto; të marrë një çiban. Përziejini gjysmë e gjysmë, zvogëloni nxehtësinë dhe ziejini pesë minuta. I rregullojmë sipas shijes me kripë dhe piper. Vendosni makaronat dhe i hidhni të mbulohen në mënyrë të barabartë.

d) Bëni derisa makaronat të nxehen normalisht. Transferoni në pjatën për servirje dhe zbukurojeni me parmixhano dhe borzilok.

25. Salcë makaronash me kungull i njomë

Serbimet: 6

Përbërësit

- 1/2 -kund mish viçi i bluar mish viçi pa dhjamë
- 2 kunguj të njomë të vegjël të copëtuar
- 1 qepë e grirë
- 3 thelpinj hudhra te grira
- 1 kanaçe domate të grimcuar (28 ons) domate të grimcuara
- 1 kanaçe salcë domate (15 ons) salcë domatesh
- 2 lugë sukanat (lëng kallami sheqeri të kristalizuar) ose sipas shijes
- 1 lugë gjelle borzilok të tharë
- 1 lugë çaji kripë kripë deti
- 1 lugë çaji rigon i tharë
- 1/4 lugë çaji piper i zi piper i zi i bluar
- 1 pako spageti (16 ons) spageti me grurë të plotë
- 1-gallon ujë
- 1 lugë gjelle kripë

Drejtimet

a) Nxehni një tigan të madh mbi nxehtësinë mesatare-të lartë. Gatuani dhe përzieni mishin e viçit, kungull i njomë, qepën dhe hudhrën në një tigan të ngrohtë derisa viçi të skuqet dhe të bëhet i thërrmuar, për 5 deri në 7 minuta; kulloni dhe hidhni yndyrën.

b) Përzieni domatet e grimcuara, salcën e domates, sukanatin, borzilokun, kripën e oqeanit, rigonin dhe piperin e errët në kombinimin e viçit. Lëreni të ziejë, zvogëloni nxehtësinë në minimum dhe ziejini derisa shijet të jenë të përziera, të paktën tridhjetë minuta ose deri në të paktën një orë për aromë më të mirë.

c) Ndërsa salca është duke zierë, sillni ujë të pijshëm me kripë të ziejë mirë dhe bëni spageti sipas udhëzimeve të paketave.

d) Shërbejeni salcën mbi makaronat e ngrohta.

26. Salcë makaronash açuge-ulliri

Serbimet: 5

Përbërësit

- 4 lugë vaj ulliri
- (2 ons) kanaçe açuge të paketuara në vaj, të pakulluara
- thelpinj hudhre, te grira
- 1 qepë mesatare, e grirë
- 1 (4 1/4 - ons) kanaçe ullinj të zinj të grirë, të kulluar
- 20 ullinj jeshil të prerë në feta
- 2 lugë çaji kaperi, të kulluar
- 1 lugë çaji borzilok të thatë
- 2 lugë çaji erëza italiane
- 1/2 lugë çaji piper i zi
- 1 (16 ons) kanaçe domate
- 1 (6 ons) kanaçe pastë domate
- 3/4 filxhan ujë
- 1/2 filxhan marsala
- 1/2 lugë çaji thekon piper të kuq

Drejtimet

a) Në një tenxhere të moderuar futni vaj ulliri esencial dhe açuge.
b) Gatuani mbi nxehtësi mesatare, duke i trazuar për të bërë pure açuge, tre deri në pesë 5 minuta.
c) Hidhni hudhrën dhe qepën dhe gatuajeni derisa të zbuten, rreth pesë minuta.
a) Përziejini elementët e mbetur dhe ziejini pa mbuluar, çerek orë.

27. Salcë mango me pulë dhe makarona

Serbimet: 4

Përbërësit

- 8 ons makarona rigatoni të papjekura
- 1 lugë vaj ulliri, i ndarë
- 1 gjysma e gjoksit, kocka dhe lëkura e hequr (bosh), gjysmat e gjoksit të pulës pa lëkurë, pa kocka - 1 qepë e prerë në kubikë, e prerë dhe e ndarë në unaza
- 1 spec zile jeshile, i prere ne rripa te holle
- 3 thelpinj hudhre, te grira
- 1 lugë çaji xhenxhefil të freskët, të grirë
- 1 mango - e qëruar, e prerë dhe e prerë
- 1 filxhan krem të rëndë
- 1 lugë çaji kripë dhe piper për shije
- 1 lugë gjelle djathë parmixhano të grirë
- 4 degë majdanoz të freskët, për zbukurim

Drejtimet

a) Sillni një tenxhere të madhe me ujë të pijshëm pak të kripur në zjarr. Vendosni makaronat rigatoni, lërini për 8 minuta, derisa gati të jenë gati dhe kullojini.

b) Ngrohni 1/2 e vajit esencial të ullirit në një tigan të madh në temperaturë mesatare. Vendoseni pulën në tigan dhe gatuajeni dhjetë

c) minuta ose derisa lëngjet të funksionojnë të pastra. Hiqeni nga temperatura dhe lëreni mënjanë.

d) Ngrohni pjesën tjetër të vajit të ullirit që gjendet në tigan dhe bëni qepën dhe piperin jeshil derisa të zbuten. Përzieni hudhrën, xhenxhefilin dhe mangon dhe vazhdoni të gatuani dhe përzieni në mënyrë të qëndrueshme pesë minuta, ose derisa mango të jetë padyshim e butë. Gradualisht përzieni kremin e madh në tigan dhe merrni pesë minuta derisa të trashet.

e) Kthejeni pulën në tigan. I përziejmë me makaronat e përgatitura pjesërisht dhe i rregullojmë me kripë dhe piper. Bëni dhe përzieni 2 minuta, derisa materialet të jenë përzier shumë mirë dhe makaronat të jenë normalisht al dente. Përzierja në djathë. Dekoroni me majdanoz për të siguruar.

28. Salcë makaronash me brokoli

Serbimet: 5

Përbërësit

- 1 paund brokoli, i grirë
- 2/3 filxhan qepë të grirë
- 1/3 filxhan gjalpë
- 1 filxhan gjysmë e gjysmë
- 1 lugë çaji borzilok të thatë
- 1 thelpi hudhër, e grimcuar në formë paste
- 1/2 filxhan djathë parmixhano
- 1/2 filxhan gorgonzola, e prerë në kubikë të vegjël
- 1 majë kajenë
- 1 paund linguine, e gatuar al dente
- 1/3 filxhan arra të grira hollë, të thekura lehtë

Drejtimet

a) Gatuani brokolin e gjetur në ujë të pijshëm të vluar dhe të kripur për 3-4 minuta ose derisa të zbutet.

b) Kullojeni dhe freskojeni nën ujë të pijshëm të ftohtë dhe të rrjedhshëm dhe thajeni.

c) Gatuani qepën e gjetur në gjalpë derisa të zbutet; vendosni krem, borzilok dhe hudhër; ziej, duke e trazuar.

d) Shtoni djathrat dhe përziejini derisa të kombinohen mirë.

e) Përziejini që gjenden në brokoli dhe kajen, kripë e piper për shije dhe gatuajeni derisa të nxehet.

f) Shërbejeni salcën mbi linguine dhe spërkateni me arra të thekura.

29. Salca bazë e makaronave

Serbimet: 5

Përbërësit

- 1 (14 1/2-16 ons) kuti domate të copëtuara
- 1 (6 ons) kanaçe pastë domate
- 1 kub bujoni viçi ose 1 kub bujoni pule
- 1/2 lugë erëza italiane
- 1 thelpi hudhër të grirë
- 1/2 lugë vaj ulliri
- 1/2 lugë gjelle djathë parmixhano të grirë
- 1 piper piper
- 1/8 lugë çaji thekon piper të kuq

Drejtimet

a) Në një tenxhere të mesme kaurdisni hudhrën në vaj ulliri esencial nëse dëshironi. Në rast se sigurisht që zgjidhni jo, vazhdoni në hapin e dytë 2.

b) Kombinoni të gjithë përbërësit përveç thekoneve të piperit të kuq. Ziejini mbi nxehtësi mesatare derisa salca të vlojë; Thyejeni domatet gjatë zierjes. Ziej derisa të marrë konsistencën e dëshiruar (kjo do të duhet më shumë kohë pa paste domate).

c) Shtoni thekon piper të kuq brenda 5 minutave të fundit të gatimit.

d) Shërbejeni mbi makaronat më të dëshiruara ose ngrini.

30. Salcë e lehtë për makarona shtëpiake

Serbimet: 5

Përbërësit

- 2 lugë çaji vaj ulliri
- 1 qepë mesatare, e grirë
- 2 lugë hudhër, të grira
- 2 (15 ons) kanaçe salcë domatesh (mund të zëvendësojë një nga kanaçet për domatet e grimcuara ose të ziera nëse ju pëlqejnë copa domate)
- 1 (6 ons) kanaçe pastë domate
- 1 lugë çaji rigon të tharë
- 1 lugë çaji rozmarinë e tharë
- 1/2 lugë çaji thekon piper të kuq të grimcuar (mund të hiqet nëse preferoni)
- 3/4 lugë çaji kripë
- 1/4 lugë çaji piper
- 1 lugë çaji sheqer

Drejtimet

a) Në një tigan, ngrohni vajin esencial të ullirit mbi nxehtësinë mesatare.
b) Vendosim qepën dhe kaurdisim derisa të zbutet. Hidhni hudhrat dhe lërini për një minutë tjetër.
c) Përziejini që gjenden në produktet e domates, rigonin, rozmarinën, piperin e kuq të grimcuar, kripën dhe piperin. Stiloni salcën dhe nëse dëshironi shtoni glukozë.
d) Lëreni të ziejë minimalisht, më pas zvogëloni nxehtësinë dhe ziejini për rreth 10 minuta, derisa vërtet të trashet pak. Përdoreni sipas dëshirës.

31. Salcë makaronash me agrume

Serbimet: 8

Përbërësit

- 9 3/5 domate të mëdha të pjekura, të prera në katër pjesë dhe me bërthama dhe të copëtuara
- 3 1/5 2 -4 lugë vaj ulliri
- 6 2/5 thelpinj hudhër, të qëruara, të grira
- 4/5 filxhan gjethe borziloku të thara dhe me rrjedh të lara, të copëtuara
- 2/5 filxhani majdanoz italian, i larë dhe i grirë
- 16 ullinj të freskët, të prerë dhe të grirë (të gjelbër ose të zi)
- 2/5 filxhan kaperi
- 3 1/5 luge uthull balsamike
- 1 3/5 lugë çaji lëvore portokalli të grirë ose 1 lugë çaji lëvore limoni kripë dhe piper i zi i sapo bluar djathë parmixhano, për spërkatje sipër makaronave të gatshme

Drejtimet

a) Kombinoni të gjithë përbërësit (përveç djathit) në një tas dhe hidhini të bashkohen.

b) Gatuani makaronat, hidhini me salcë, spërkatini me djathë.

32. Salcë picash dhe makaronash

Serbimet: 5

Përbërësit

- 1 (29 ons) kanaçe pure domatesh
- 12 ons birrë
- 2 lugë sheqer të bardhë
- 1 1/2 lugë çaji pluhur hudhër
- 1 1/2 lugë çaji borzilok të tharë
- 1 1/2 lugë çaji rigon të thatë
- 1 lugë çaji kripë

Drejtimet

a) Kombinoni të gjithë përbërësit e gjetur në një tenxhere.

b) Lëreni të ziejë më shumë se nxehtësia mesatare e lartë.

c) Uleni ngrohjen në mesatare-të ulët dhe ziejini për tridhjetë minuta.

33. Salcë makaronash derri

Serbimet: 5

Përbërësit

- 2 lugë vaj ulliri
- 2 kg brinjë rezervë derri, të prera në gjysmë
- 1 qepë mesatare, e grirë mirë
- 2 thelpinj hudhre, te grira
- 1 (28 ons) kumbulla domate
- 1 (6 ons) kanaçe pastë domate
- 6 ons ujë
- 1 lugë çaji kripë
- 1/2 lugë çaji piper
- 1/4 lugë çaji rigon i thatë
- 1/2 lugë çaji pluhur hudhër
- 1 1/2 lugë çaji fara kopër

Drejtimet

a) Brinjë kafe në vaj.
b) Hiqni brinjët nga vaji esencial dhe kaurdisni qepët dhe hudhrat deri sa të jenë transparente.
c) Shtoni domatet dhe ujin e pijshëm.
d) Ngrini nxehtësinë dhe ftojeni salcën të ziejë, duke e përzier herë pas here në mënyrë që fundi të mos digjet.
e) Zvogëloni nxehtësinë dhe ziejini pa mbuluar për 2 orë derisa mishi t'i bjerë përfundimisht kockat.

34. Salcë e shpejtë e makaronave

Serbimet: 5

Përbërësit

- 1/4 filxhan vaj ulliri
- 1 majë speca të kuq
- 1 majë farë kopër (opsionale)
- 6 -10 thelpinj hudhre, te grira
- 1 (28 ons) kanaçe domate, me lëng, të copëtuar (e bëj me një palë gërshërë)
- 2 lugë çaji borzilok të thatë
- 2 lugë çaji borzilok të tharë
- 1 lugë çaji rigon të tharë
- 1 majë kripë

Drejtimet

a) Ngrohni vajin në një tigan të madh.

b) Vendosni piperin, koprën dhe hudhrën dhe kaurdisni pak para se hudhra të marrë ngjyrë të artë (jo në të vërtetë kafe!).

c) Vendosni domatet me lëngun e tyre, barishtet dhe kripën.

d) Përziejini për t'u përzier, lëreni të ziejë shkëlqyeshëm, ulni nxehtësinë dhe lëreni të gatuhet pa mbuluar për rreth 20 minuta.

e) Përziejini me makaronat e gatuara dhe shërbejini.

35. Salca e makaronave me karrota

Serbimet: 5

Përbërësit

- 1 qepë e vogël e bardhë
- 1 karotë e grirë hollë rreth një filxhan
- 1 1/2 lugë salcë soje tamari ose 1 1/2 lugë salcë soje
- 3 lugë vaj ulliri ekstra të virgjër
- 2 lugë djathë parmixhano
- 1 lugë majdanoz i freskët, për sipër
- 1 lugë gjelle farë luledielli të pjekur
- 8 ons pene (ose makarona sipas zgjedhjes suaj)

Drejtimet

a) Pritini mirë qepët dhe skuqini në një tigan me vaj esencial për rreth dhjetë minuta. Vendosni karotat e grira dhe lërini për 5-8 minuta të tjera duke shtuar salcën tuaj të sojës dhe disa lugë gjelle ujë të makaronave për të mbajtur me kujdes salcën e lagësht. Kur të përgatitet, kalojini salcën me pure në një blender me pëllëmbë dhe vendoseni përsëri në tigan.

b) Për momentin ziejini makaronat sipas udhëzimeve dhe para se t'i kulloni, kurseni disa lugë nga uji i tyre. Vendosni makaronat në tigan dhe përziejini derisa të bashkohen mirë.

c) Shërbejini makaronat të mbushura me fara luledielli, majdanoz, djathë parmixhano dhe një vorbull me vaj ulliri esencial.

36. Salcë makaronash me spinaq Angjinarja

Serbimet: 8

Përbërësit

- 1/2 (13,5 ons) mund të spinaqit të copëtuar
- 1 (16 ons) kavanoz salcë alfredo
- 1 (14 ons) mund të zemrat e artiçokut, të kulluara dhe të copëtuara
- 1/2 filxhan djathë mocarela të grirë
- 1/3 filxhan djathë parmixhano të grirë
- 1/4 (8 ons) paketë krem djathi, i zbutur
- 2 thelpinj hudhër, të prera
- 1 domate rome e prerë në kubikë
- 1/2 filxhan ujë

Drejtimet

a) Pritini spinaqin në kube në procesorin e ushqimit.

b) Rrihni në një tenxhere spinaqin, salcën Alfredo, zemrat e angjinareve, djathin mocarela, djathin parmixhano, kremin e djathit, hudhrat dhe domatet.

37. Salcë makaronash kungujsh

Serbimet: 4

Përbërësit

- 2 gota kunguj kungull gjalpë, të prera në kubikë
- 1 lugë gjelle vaj ulliri vaj ulliri
- 1 lugë gjelle gjalpë
- 1/3 filxhan qepë të grirë hollë
- 3 thelpinj hudhra te grira
- 1/3 mollë e qëruar dhe e prerë
- 1 filxhan lëng pule lëng pule
- 1/3 filxhan qumësht
- 1/3 filxhan djathë përzierje djathi italian (Parmesan Asiago dhe Romano)
- 1 majë piper i zi kripë dhe piper i zi i bluar për shije

Drejtimet

a) Vendoseni kungullin direkt në një tenxhere, mbulojeni me ujë dhe lëreni të ziejë mirë.

b) Ziejini kungujt derisa të zbuten jashtëzakonisht, 15 deri në 20 minuta. Kulloni ujin e tepërt të pijshëm. Kungulli i përgatitur duhet të jetë i barabartë me 2 gota.

c) Ngrohni vajin esencial të ullirit dhe gjalpin në një tigan të mirë në temperaturë mesatare-të ulët dhe bëni qepën, hudhrën dhe mollën, duke i trazuar shpesh, derisa të zbuten dhe të marrin ngjyrë kafe, rreth çerek orë.

d) Vendosni kungujt e gjalpit dhe lëngun e shpendëve dhe ziejini në temperaturë mesatare. Ulni nxehtësinë vetëm në një zjarr të ngadaltë dhe përzieni përzierjen e qumështit dhe djathit.

e) Përzieni përpara se djathi të shkrihet dhe salca të ketë arritur trashësinë e dëshiruar, 5 deri në dhjetë minuta.

38. Salcë makaronash me kërpudha

Serbimet: 5

Përbërësit

- 1/3 filxhan vaj ulliri (ose përdorni salcë të mjaftueshme për të lyer fundin e tiganit tuaj)
- 3 lugë çaji borzilok të thatë
- 3 lugë çaji rigon
- 1 -2 lugë çaji thekon spec djegës të thatë (ose për shije)
- 1 gjethe dafine e madhe
- 1 qepë mesatare, e grirë hollë
- 6 thelpinj hudhër, lugë gjelle të grira hollë (ose për shije, më pëlqen shumë hudhër!)
- 1 (6 ons) kanaçe pastë domate
- 1 lb mish viçi pa dhjamë
- 1/2 lb sallam italian, zorrët e hequra
- 1/2 filxhan verë të kuqe të thatë
- 1 (28 ons) kanaçe domate e grimcuar
- 1 (8 ons) kanaçe salcë domatesh
- 1 1/2 filxhan supë viçi me cilësi të mirë
- Kërpudha me butona 3/4 paund (ose përdorni disa kanaçe kërpudha të plota të kulluara, por të freskëta është më mirë!)

- 1-2 lugë çaji sheqer të bardhë
- 1 lugë gjelle salcë Worcestershire (ose për shije)
- 1 lugë gjelle kripë (ose për të shijuar një salcë domate të mirë duhet shumë kripë)
- 1 lugë çaji piper i zi i freskët i bluar djathë parmixhano i freskët i grirë

Drejtimet

a) Në një furrë holandeze ngrohni vajin, më pas shtoni borzilokun, rigonin, specin djegës, gjethen e dafinës dhe qepën; kaverdisim duke e trazuar me lugë druri për afërsisht 4 minuta (kjo do të shkarkojë shijet e erëzave).
b) Shtoni hudhrën dhe përgatiteni për 2 minuta.
c) Shtoni pastën e domates dhe përgatiteni ta trazoni me lugë druri për 2 minuta.
d) Shtoni mish viçi dhe sallam; gatuajeni derisa të skuqet shumë mirë (rreth dhjetë minuta) kulloni çdo yndyrë.
e) Shtoni verën tuaj dhe ziejini për 2-3 minuta, duke e trazuar.
f) Shtoni domatet e shtypura, salcën e domates, lëngun e viçit, kërpudhat, sheqerin, 2 lugë kripë, salcën Worcestershire; lëreni të ziejë, ulni temperaturën dhe ziejini pjesërisht të mbrojtura për rreth 2 orë (ose mund ta zieni më gjatë në temperaturë të ulët).
g) I rregullojmë me piper të zi.
h) Hiqni gjethen e dafinës dhe jepini sipër makaronave të përgatitura të nxehta dhe më pas spërkatini me shumë djathë parmixhano të grirë.

39. Salcë Makarona Primavera

Serbimet: 5

Përbërësit

- 1 (14 1/2 - ons) kanaçe domate të prera në kubikë
- 1 (6 ons) kanaçe pastë domate
- 3/4 filxhan lulesh të freskëta brokoli
- 3/4 filxhan karotë të prerë hollë
- 3/4 filxhan qepë të prerë në feta
- 1/2 filxhan kungull i njomë, i prerë në copa
- 1/2 filxhan piper jeshil i prerë në feta
- 1/2 filxhan piper zile të kuqe, të prerë në feta
- 2 thelpinj hudhër, të prera
- 2 gjethe dafine
- 1 luge vaj ulliri
- 1/2 lugë çaji borzilok të tharë
- 1/2 lugë çaji rozmarinë të tharë
- 1/2 lugë çaji rigon të tharë
- 1/2 lugë çaji trumzë e thatë
- 1 1/2 lugë çaji kripë
- 1/4 lugë çaji piper i zi i bluar
- 1 lugë çaji sheqer të bardhë

- 1/2 filxhan ujë

Drejtimet

a) Në një tenxhere të madhe futni të gjithë përbërësit të gjithë së bashku menjëherë!

b) Ngroheni vetëm derisa të vlojë, mbuloni dhe ulni temperaturën që të ziejë.

c) Gatuani derisa të gjitha perimet të zbuten, afërsisht 45 minuta.

d) Përziejini herë pas here.

e) Shërbejeni me makarona të gatuara sipas vendimit tuaj!

40. Salcë klasike Alfredo

Serbimet: 2

Përbërësit

- 3 lugë gjalpë
- 8 ons lëng krem i rëndë për kamxhik
- kripë për shije
- 1 majë arrëmyshk i bluar
- 1/4 filxhan djathë parmixhano të grirë
- 1/4 filxhan djathë Romano të grirë
- 1 e verdhe veze
- 2 lugë djathë parmixhano të grirë

Drejtimet

a) Shkrini gjalpin ose margarinën në një tenxhere të mirë në temperaturë mesatare-të lartë. Vendosni kremin e trashë duke e përzier vazhdimisht. Përzieni kripën, arrëmyshkun, djathin parmixhano të grirë dhe djathin Romano të grirë.

b) Përziejini vazhdimisht derisa të shkrihet, në atë rast bashkojeni në të verdhën e vezës.

c) Ziejini në temperaturë mesatare të ulët të lartë për tre deri në pesë minuta.

d) Nëse dëshironi, zbukurojeni me djathë parmixhano të grirë më tej.

41. Salcë pule dhe makarona

Serbimet: 5

Përbërësit

- 3 lugë gjalpë ose 3 lugë vaj ulliri
- 4 gjokse pule, të ndara, të hequra nga lëkura dhe me kocka
- 2 luge miell
- 1 filxhan lëng pule
- 1/2 filxhan gjysmë e gjysmë
- 2 lugë mustardë Dijon
- 2 domate te prera ne copa ose 2 domate te konservuara te kulluara
- 2 lugë majdanoz të freskët të grirë
- 1 filxhan bizele të ngrira
- 2 lugë kaperi të konservuar

Drejtimet

a) Shkrini gjalpin ose vajin esencial të ullirit në një tigan të madh.
b) Bashkoni gjokset e pulës dhe gatuajeni derisa të mbarojnë dhe të skuqen lehtë, rreth 20 minuta.
c) Hiqeni shpendët në një pjatë të mirë servirjeje.
d) Përzieni miellin në pikat e tiganit që gjenden në një tigan, gatuajeni për 1 minutë.
e) Shtoni lëngun e shpendëve, gjysmën dhe gjysmën.
f) Përziejini dhe gatuajeni përpara se salca të trashet dhe të flluska, shtoni mustardën, kaperin dhe bizelet e ngrira.
g) Kthejeni shpendët në tigan, kaloni sipër dhe ngroheni për dhjetë minuta.
h) E zbukurojmë me domate dhe e spërkasim me majdanoz.
i) Zakonisht shërbejmë me tortelini ose ndoshta makarona të tjera dhe kalojmë me salcë shtesë Dijon.

42. Salcë kokosi, makarona kungull

Serbimet: 5

Përbërësit

- 1 lugë gjelle vaj vegjetal
- 1 qepë
- 1 lugë gjelle xhenxhefil të freskët
- 500 gr kunguj të prerë në kubikë
- 100 ml lëng pule
- 1 410 kanaçe 1 (410 ml) krem kokosi
- kripë dhe piper

Drejtimet

a) Prisni qepën dhe grijeni imët xhenxhefilin.

b) Ngrohim vajin dhe kaurdisim qepën dhe xhenxhefilin pa i skuqur.

c) Vendosni kungullin dhe përziejini për 2 minuta.

d) Vendosni ujë të mjaftueshëm për të kaluar thjesht mbi kungull dhe përgatisni ushqimin përpara se kungulli të jetë i butë.

e) Vendosni kremin dhe inventarin e kokosit dhe përzieni mirë.

f) Duke përdorur një blender ose myk, përzieni derisa të jetë e qetë.

43. Salcë me vaj ulliri dhe piper të kuq

Serbimet: 6

Përbërësit

- 3/5 filxhan vaj ulliri ekstra të virgjër
- 3 3/5 thelpinj hudhre, te grira
- 3/10 filxhan ujë për gatimin e makaronave
- 3/5 lugë çaji thekon piper të kuq të grimcuar
- 1 1/2 lugë çaji kripë kosher
- 1 1/5 filxhan majdanoz të freskët me gjethe të sheshta, të copëtuar përafërsisht

Drejtimet

a) Ngrohni vajin në një tenxhere të madhe mbi nxehtësinë mesatare. Vendosni hudhrën dhe lëreni, duke e trazuar, për 30 sekonda, duke u kujdesur që në përgjithësi të mos marrë ngjyrë kafe.

b) Hidhni ujin e makaronave, piperin e kuqërremtë, kripën dhe majdanozin dhe lërini të ziejnë.

c) Hidhni me makarona të gatuara.

44. Salcë makaronash në shtëpi

Serbimet: 5

Përbërësit

- 1 qepë mesatare
- 2 thelpinj hudhra
- 1 lugë gjelle vaj vegjetal (opsionale)
- 1 lb mish viçi të bluar
- 1 karotë e madhe
- 1 kungull i njomë i madh
- 1 piper
- 2 gota kërpudha me butona të copëtuara (opsionale)
- 1/2 lugë çaji kripë
- 1 lugë çaji borzilok
- 1 lugë çaji rigon
- 4 gota domate të grimcuara
- 2 lugë pastë domate
- 1 lugë gjelle salcë tabasko (opsionale)

Drejtimet

a) Vendosni një tenxhere të madhe me ujë normal të kripur të ziejë dhe bëni sasinë e nevojshme të makaronave.
b) Ndërkohë qërojmë dhe presim qepën dhe hudhrën.
c) Qëroni dhe grijeni karrotën; grini kungulleshkat.
d) Përgatitni kërpudhat dhe piperin nëse përdorni.
e) Vendosni mishin në një tigan jashtëzakonisht të madh, me vaj esencial nëse mishi është mjaft i dobët, dhe skuqini duke e ndarë në copa të vogla, derisa të marrin ngjyrë.
f) Kur të jetë përgjysmuar, shtoni qepën dhe vazhdoni përgatitjen e ushqimit derisa mishi të mos mbetet i kuq dhe qepa të jetë e tejdukshme.
g) Përziejeni hudhrën në mish për një minutë, më pas shtoni karotën dhe kungull i njomë i grirë, si dhe specin dhe kërpudhat nëse përdorni. Përziejini mirë.
h) Vazhdoni gatimin, duke i përzier shpesh për disa minuta përpara se perimet të bëhen delikate. I rregullojmë me kripë, borzilok dhe rigon.
i) Përzieni që gjendet në domatet e shtypura dhe pastën e domates.
j) Ulni nxehtësinë dhe ziejini derisa të bashkohen mirë.
k) Përzieni që gjendet në salcën Tabasco dhe shërbejeni sipër makaronave të nxehta.

45. Viçi Lo Mein

Serbimet: 4

Përbërësit

- 1 (8 ons) pako spageti
- 1 lugë çaji vaj susami të errët
- 1 lugë gjelle vaj kikiriku
- 4 thelpinj hudhre, te grira
- 1 lugë gjelle rrënjë xhenxhefili i freskët i grirë
- 4 gota perime të përziera
- 1- kile biftek krahu, i prerë në feta hollë
- 3 lugë salcë soje me natrium të reduktuar
- 2 lugë sheqer kaf
- 1 lugë gjelle salcë gocë deti
- 1 lugë gjelle pastë Kili aziatik me hudhër

Drejtimet

a) Sillni një tenxhere të madhe me ujë normal të kripur pak në valë. Bëjini spageti në ujin normal të vluar derisa të përgatiten, por organizimi deri në kafshim, rreth 12 minuta; kullojeni dhe transferojeni në një tas të madh. Hidhni vaj esencial susami mbi spageti; hedh në pallto. Vendosni një pjatë sipër tasit për të mbajtur me kujdes petët të ngrohta.
b) Ngrohni vajin esencial të kikirikut në një wok ose ndoshta një tigan të madh mbi ngrohje mesatare-të lartë. Gatuani dhe përzieni hudhrën dhe xhenxhefilin në vaj përvëlues derisa të marrin aromë, rreth 30 sekonda. Shtoni fruta dhe perime të përziera në tigan; bëni dhe përzieni derisa të zbuten disi, rreth tre minuta. Përzieni biftekin në përzierjen e perimeve; bëni dhe përzieni përpara se viçi të përgatitet, rreth pesë minuta.
c) Përzieni së bashku salcën e sojës, sheqerin kaf, salcën e gocave të detit dhe pastën e Kilit në një tas të vogël; derdhni mbi spageti. Hidhni kombinimin e spagetit dhe salcës në wok me fruta dhe perime dhe biftek; bëni dhe përzieni para se spageti të jetë i nxehtë, 2-3 3 minuta.

46. Makarona Puttanesca me një tenxhere

Serbimet: 6

Përbërësit

- 1 kavanoz (24 ons) salcë tradicionale e përzemërt
- 2 gota ujë
- 1 pako (8 ons) spageti të papjekura
- 1 (14 ons) mund të copëtohen zemrat e artiçokut
- 4 oce ullinj kalamata te zeza pa thelle dhe te pergjysmuar
- 2 lugë gjelle kaperi
- 3 thelpinj hudhre, te grira
- 1 filxhan domate rrushi të përgjysmuar
- 2 lugë çaji piper i kuq i grimcuar
- 2 lugë majdanoz të freskët të grirë

Drejtimet

a) Kombinoni salcën dhe ujin në një tenxhere të madhe. Thyeni spagetin në dy pjesë (nëse dëshironi) dhe vendosini në tenxhere. Lëreni të ziejë, duke e përzier shpesh.

b) Përziejini që gjenden në zemrat e angjinareve, ullinjtë kalamata, kaperi, hudhrat, domatet e rrushit, thekonet e grimcuara të specit të kuq dhe majdanozit. Uleni temperaturën e lartë në mesatare-të ulët, kaloni dhe ziejini derisa makaronat të jenë gatuar me siguri në butësinë e dëshiruar, 8 deri në dhjetë minuta, duke i përzier shpesh.

c) Hiqeni nga zjarri dhe shërbejeni të ngrohtë. Nëse dëshironi, zbukurojeni me majdanoz të freskët dhe piper të kuqërremtë.

47. Salcë makaronash pule

Serbimet: 5

Përbërësit

- 2 kg pula të skuqura (të prera)
- 4 speca të mëdhenj të kuq të ëmbël (të prerë në rripa)
- 2 qepë mesatare (të prera hollë)
- 1 (28 ons) kanaçe pure domate
- 1 lugë gjelle vaj kanola
- 2 lugë borzilok të thatë
- 2 lugë gjelle rigon të thatë
- 2 lugë majdanoz italian (i copëtuar)
- 6 thelpinj hudhër të freskët (të prera hollë)
- 2 lugë çaji kripë
- 1/2 lugë çaji thekon piper të kuq

Drejtimet

a) Lani, prisni copa pule; thajeni me peshqir letre.

b) Sezoni me 1 lugë çaji. kripë; le menjane.

c) Në një tenxhere të madhe, ngrohni vajin dhe skuqni qepët dhe hudhrat. Vendosni copat e pulës me anë të lëkurës poshtë dhe kafe të errëta lehtë.

d) Shtoni specat e bukur, purenë e domates, borzilokun, rigonin, majdanozin, kripën dhe thekonet e piperit.

e) Mbulojeni dhe ziejini mbi nxehtësi mesatare në tenxhere për 1-1/2 orë.

f) Në këtë recetë, uji e ka origjinën nga gatimi i specave dhe pulës i cili e hollon purenë pa lëngje shtesë.

g) Megjithatë, nëse salca bëhet gjithashtu e trashë gjatë gatimit, rrisni 1/2 kanaçe uji normal (ose verë) vetëm pak në të njëjtën kohë derisa konsistenca e saj të jetë normalisht sipas dëshirës tuaj.

48. Salcë e freskët e fikut dhe proshutës

Serbimet: 4

Përbërësit

- 2 lugë gjelle gjalpë
- 2 lugë miell për të gjitha përdorimet
- 1/2 lugë çaji kripë
- 1 filxhan qumësht
- 6 feta të holla proshuto, të prera në shirita të hollë
- 6 çdo fiq të freskët, me kërcell dhe të prerë në katër pjesë
- 1 luge gjelle lekure limoni
- 1/4 lugë çaji erëza piper limoni, ose për shije

Drejtimet

a) Ngrohni gjalpin e gjetur në një tenxhere të mirë mbi nxehtësi të ulët; përzieni në mënyrë të qëndrueshme miellin në gjalpë të shkrirë derisa të jetë i qetë dhe me flluska, 2 deri në 4 minuta. Shtoni kripë; përzierje për përzierje. Hiqeni nga nxehtësia; ngadalë por me siguri përziejeni me qumësht derisa të jetë e qetë.

b) Kthejeni salcën e lehtë në sobë; të marrë një çiban. Ulni ngrohjen dhe ziejini në zjarr të ulët.

c) Gatuani dhe përzieni proshutën dhe fiqtë që gjenden në një tigan që nuk qëndron mbi nxehtësinë mesatare derisa të ngrohet, rreth pesë minuta. Përzieni lëkurën e limonit dhe erëzat e piperit të limonit në salcën e bardhë të ndritshme. Shërbejini fiqtë dhe proshutën sipër salcës.

49. Salca e makaronave me feta dhe proshutë

Serbimet: 4

Përbërësit

- 8 feta proshutë, të prera
- 2 presh presh, të prera në feta
- 1 lugë gjelle gjalpë
- 1/4 filxhan miell për të gjitha përdorimet
- 2 gota qumësht
- 8 oce djathë feta, i grimcuar
- 1 majë piper i zi i bluar për shije

Drejtimet

a) Vendosni proshutën e gjetur në një tigan të madh në temperaturë mesatare-të lartë. Skuqini për nja dy minuta, në këtë rast shtoni preshin. Bëni dhe përzieni derisa proshuta të jetë e mprehtë dhe preshi të jetë i butë. Le menjane.

b) Shkrini gjalpin në një tenxhere të mirë në temperaturë mesatare-të lartë. Rrihni reciprokisht miellin dhe qumështin, më pas derdhni në tenxheren me gjalpin. Lëreni të ziejë dhe lëreni, duke e përzier rregullisht, derisa të trashet.

c) Hiqeni nga zjarri dhe përzieni djathin feta. Përziejini në proshutë dhe presh, prandaj rregulloni me piper për shije. Shërbejeni mbi makaronat e zgjedhura.

50. Amnezia e makaronave

Serbimet: 4

Përbërësit

- 2 pako (8 ons) makarona të freskëta linguine
- 1 filxhan krem
- 4 ons salmon të tymosur, të copëtuar
- 1 majë arrëmyshk i sapo grirë
- 1 majë piper i zi i bluar, ose sipas shijes
- 1 1/2 lugë havjar i zi
- 1 tufë majdanoz me gjethe të copëtuara

Drejtimet

a) Sillni një tenxhere të madhe me ujë normal të kripur pak në valë. Vendosni makaronat dhe përgatisni ushqimin derisa të jetë al dente, rreth tre deri në katër minuta. Kullojeni.

b) Ndërkohë vendosim kremin në një tenxhere të vogël, mbi nxehtësi mesatare-të ulët. Përzieni salmonin e tymosur, dhe nëse dëshironi, rregulloni me arrëmyshk dhe piper të errët. Përziejini shpesh derisa të trashet.

c) Vendosni makaronat e kulluara në një tas të madh servirjeje. Hidhni salcën me krem mbi makaronat dhe vendosni havjarin. Hidheni lehtë derisa disa nga ofertat e havjarit të copëtohen dhe t'i ngjyrosin disi makaronat.

d) Shërbejeni menjëherë me një spërkatje me majdanoz.

51. Salcë makaronash me pancete

Serbimet: 5

Përbërësit

- 6 lugë vaj ulliri
- 2 lugë gjalpë pa kripë
- 2 ons pancete ose 2 ons proshutë
- 3 qepë, të prera hollë
- 1/2 lugë çaji thekon piper të kuq
- 1 lb domate, e konservuar
- 8 gjethe borziloku të freskët mesatarisht
- Djathë parmixhano

Drejtimet

a) Vendosni vajin esencial dhe gjalpin në një tigan të madh në temperaturë mesatare; vendosni proshutën dhe qepët.

b) Kur qepët fillojnë të marrin me kujdes ngjyrë të artë, shtoni specin Kili, domatet, borzilokun dhe pak kripë.

c) Gatuani salcën për rreth 15 minuta përpara se shijet të bashkohen mirë.

d) Nderkohe bejme bucatini deri ne al dente.

e) Hidhni makaronat me salcën dhe spërkatni bujarisht me djathë.

52. Salcë e pastës së domates së gjelbër

Serbimet: 6

Përbërësit

- 3/10 filxhan vaj ulliri ekstra të virgjër
- 14 2/5 domate jeshile mesatare, të prera në feta
- kripë kosher
- piper i zi i bluar
- 7 1/5 thelpinj hudhre, te grira
- 28 4/5 gjethe borziloku të freskët
- 1 1/5 paund linguine
- 3/5 filxhan djathë parmixhano, i sapo grirë

Drejtimet

a) Ngrohni furrën në 300F.

b) Spërkatni një enë të madhe të cekët pjekjeje me vaj esencial të ushqimit për gatim. Shtroni domatet në enë dhe i rregulloni me kripë dhe piper. Spërkateni me ullirin.

c) Piqini pa mbuluar derisa domatet të zbuten relativisht, rreth 25 minuta.

d) Në një procesor të vogël ushqimi, copëtoni hudhrën dhe borzilokun së bashku. Spërkatni hudhrën/borzilokun së bashku me domatet.

e) Mbulojini me petë dhe piqini derisa të jenë të buta dhe të karamelizuara lehtë, edhe 25 minuta të tjera.

f) Nxirreni nga furra dhe vendoseni në një përpunues ushqimi ose blender. Pulsoni disa herë, por mbajeni salcën të trashë. Ia kushtojme tenxheres te ringrohet dhe vendosim shpendet e gatuara sipas deshires

g) Shërbejini më shumë se makarona të gatuara të nxehta dhe më së miri me të freskëta

53. Salcë avokado për makarona

Rendimenti: 1 porcione

Përbërës

- 1 ons gjalpë
- 2 deri në 3 qepë, pjesë jeshile dhe të bardha, copëtoni
- 1 lugë çaji Lëkurë portokalli e grirë
- 1 lugë çaji Lëkurë limoni të grirë
- $\frac{1}{2}$ lugë çaji koriandër të bluar
- 6 ons lëng Oz Krem i vetëm (i lehtë).
- 3 lugë jogurt i thjeshtë
- Kripë dhe terren i freskët
- Piper i zi - për shije
- 2 deri në 3 avokado

Drejtimet

a) Shkrini gjalpin në një tenxhere, shtoni qepët e pranverës dhe skuqeni për 1 minutë.

b) Më pas shtoni lëkurën e portokallit dhe limonit dhe korianderin. Hiqeni nga zjarri ndërsa përgatitni kremin dhe kosin. Hidhni kremin në një tas të vogël dhe shtoni kos, kripë dhe piper. Përziejini mirë derisa të jetë e qetë.

c) Qëroni, gurosni dhe copëtoni avokadon (madhësia që i prisni copat është preferencë personale, por ne zakonisht i presim në kube rreth $1\frac{1}{2}$ cm). Shtoni avokadon tek përbërësit në tigan, derdhni përzierjen me kos dhe ngroheni shumë lehtë.

d) MOS ZIJENI ose avokadot do të bëhen të lagura dhe salca do të thahet. Hidhni mbi makarona, hidhini dhe shërbejini menjëherë.

54. Salcë e makaronave të Kalkutës

Rendimenti: 1 grumbull

Përbërës

- 2 lugë gjelle gjalpë
- $1\frac{1}{2}$ lugë fara qimnon; i grimcuar
- 1 lugë paprika
- 3 thelpinj hudhër; i grirë
- 2 lugë gjelle rrënjë xhenxhefili i freskët; i grirë
- 2 Jalapeños; me farë dhe të grirë
- $3\frac{1}{2}$ filxhan Domate të freskëta ose të konservuara të copëtuara
- 1 lugë çaji kardamom; terren
- $\frac{1}{2}$ lugë gjelle Garam masala
- $\frac{1}{2}$ filxhan kos i thjeshtë
- $\frac{1}{2}$ filxhan krem i rëndë
- $\frac{1}{4}$ filxhan cilantro e freskët; i copëtuar

Drejtimet

a) Kaurdisni qimnonin, paprikën, hudhrën, rrënjën e xhenxhefilit dhe jalapeños në gjalpë derisa të marrin ngjyrë të artë dhe aromatik, rreth 5 minuta. Shtoni domate, kardamom dhe garam masala.
b) Ziejini butësisht derisa të trashet, 30 deri në 60 minuta.
c) Shtoni kos, krem opsional dhe cilantro.
d) Ngroheni, por mos zieni. Shërbejeni mbi kuskus ose makarona.

PIZZA

55. Pica Margarita

Bën një picë 10 inç

Përbërësit:

- Një top brumë picash, i pushuar dhe gati për tu dhënë formë
- 2 ons mocarela e freskët, e grirë në kube
- 6 lugë salcë domate të grimcuar, me një vaj ulliri ekstra të virgjër
- Një majë ose dy parmigiano-Reggiano të grira hollë (opsionale)
- Kripë deti e imët (opsionale)
- Vaj ulliri ekstra i virgjër, për spërkatje
- 5 gjethe borziloku të freskët

Vendosni një raft në të tretën e poshtme të furrës (hiqni raftin sipër tij) dhe vendosni një gur pice mbi të. Ndezni furrën tuaj në vendosjen e saj maksimale, aq lart sa të shkojë, dhe lëreni fëmijën të ngrohet paraprakisht për një orë të qëndrueshme. As mos u shqetësoni të vendosni picën tuaj derisa furra të jetë ndezur për një orë.

Pasi furra të jetë ngrohur paraprakisht, kapni një lëvozhgë pice dhe i jepni një pluhur të këndshëm e të lehtë me miell. Kjo do të ndihmojë në parandalimin e ngjitjes së picës kur e rrëshqitni nga lëvozhga në gur. (Nëse nuk keni lëvozhgë, mund të përdorni një fletë biskotash ose një fletë pjekjeje të përmbysur.)

Formoni brumin dhe brumin e përgatitur vendoseni në lëvozhgë. Thithni lëvozhgën për t'u siguruar që të mos ngjitet. Nëse është kështu, ngrini brumin dhe pluhurosni pjesën e poshtme me miell shtesë (ose, nëse askush nuk e shikon, fryni poshtë tij shumë butësisht). Mblidheni dhe formoni atë derisa të jetë një rreth i lumtur.

Shijoni mocarelën dhe salcën tuaj të domates për të parë sa të kripura janë të dyja dhe bëni një shënim mendor për këtë. Hidhni me lugë salcën e domates në mënyrë të barabartë mbi picë, duke përdorur pjesën e pasme të lugës për të përhapur salcën, duke filluar nga qendra dhe duke ndaluar rreth $\frac{3}{4}$ inç - gjerësia e gishtit të madh - nga skajet. (Me një salcë domate të shtypur me dorë, konsistenca e salcës mbi sipërfaqen e picës do të jetë e pabarabartë. Është e pashmangshme.) Spërkateni Parmigiano, nëse përdorni, sipër salcës. Lërini pikat ku salca e domates është më e hollë t'ju udhëheqin për vendosjen e mocarelës - goditni ato pika më të thata me pak më shumë mocarela. Nëse kur keni shijuar salcën dhe djathin tuaj më herët keni përcaktuar se kripësia nuk ishte ende plotësisht, spërkatni picën me pak kripë. Më pas jepini pak vaj ulliri shumë të lehtë.

Hapeni furrën dhe, duke e anuar pak lëvozhgën, tundeni shpejt për ta rrëshqitur picën mbi gurin e picës. Piqni picën për 10 deri në 15 minuta, derisa korja të jetë e freskët dhe në kafe të artë.

Hiqni picën me lëvozhgën dhe shtoni menjëherë gjethet e borzilokut duke i vendosur në mënyrë të barabartë sipër. Nxehtësia e picës do t'i thajë pak gjethet dhe do të lëshojë aromën e tyre marramendëse. Shijojeni menjëherë!

56. Pica Marinara

Bën një picë 10 inç

Përbërësit:

- Një top brumë picash, i pushuar dhe gati për tu dhënë formë
- $\frac{3}{4}$ filxhan salcë domate të grimcuar
- Një majë rigon të tharë, mundësisht të egër
- 2 thelpinj hudhër, të prera në feta të holla në letër
- 1 ose 2 gjethe borziloku të freskët
- Vaj ulliri ekstra i virgjër, për spërkatje
- Kripë deti e trashë
- Piper i kuq i grimcuar (opsionale)

Vendosni një raft në të tretën e poshtme të furrës (hiqni raftin sipër tij) dhe vendosni një gur pice mbi të. Ndezni furrën në maksimum dhe lëreni fëmijën të nxehet për një orë të qëndrueshme.

Pasi furra të jetë ngrohur paraprakisht, kapni një lëvozhgë pice dhe i jepni një pluhur të këndshëm e të lehtë me miell. Formoni brumin dhe brumin e përgatitur vendoseni në lëvozhgë. Thithni lëvozhgën për t'u siguruar që të mos ngjitet. Nëse është kështu, ngrini brumin dhe pluhurosni pjesën e poshtme me miell shtesë (ose, nëse askush nuk e shikon, fryni poshtë tij shumë butësisht). Mblidheni dhe formoni atë derisa të jetë një rreth i lumtur.

Hidhni me lugë salcën e domates në mënyrë të barabartë mbi picë, duke përdorur pjesën e pasme të lugës për të përhapur salcën, duke filluar nga qendra dhe duke ndaluar rreth $\frac{3}{4}$ inç - gjerësia e gishtit të madh - nga skajet. (Me një salcë domate të shtypur me dorë, konsistenca e salcës mbi sipërfaqen e picës do të jetë e pabarabartë. Është e pashmangshme.) Shtoni rigonin, duke e shtrënguar fort ndërsa e spërkatni mbi salcë për të aktivizuar aromën e saj. Shpërndani hudhrat e prera në mënyrë të barabartë sipër. Së fundi, grijini gjethet e borzilokut, grijini ato (për copa të vogla shkëlqimi) dhe vendosini në qendër të picës. Hidhni pak vaj ulliri ekstra të virgjër.

Hapeni furrën dhe, duke e anuar pak lëvozhgën, tundeni shpejt për ta rrëshqitur picën mbi gurin e picës. Piqni picën për 10 deri në 15 minuta, derisa korja të jetë e freskët dhe në kafe të artë. Kjo është një picë mjaft e lagësht, kështu që mund të zgjasë pak më shumë se të tjerat.

Hiqni picën me lëvozhgën, spërkatni me pak vaj ulliri dhe përfundoni me një spërkatje me kripë deti të trashë. Ju madje mund ta pluhurosni atë me një copëz specash të kuq për një përshpejtim të lehtë të kadencës së tij në gojë. Shijojeni menjëherë!

57. Pica Biancoverde

Bën një picë 10 inç

Përbërësit:

- Një top brumë picash, i pushuar dhe gati për tu dhënë formë
- 1 ons Parmigiano-Reggiano, i grirë trashë
- 1 ons mocarela e freskët, e grirë në kube
- 2 lugë gjelle rikota me qumësht të plotë, të kulluar nga hirrë
- Një grusht i mirë rukole e egër ose foshnjë
- Vaj ulliri ekstra i virgjër, për spërkatje
- Kripë deti e trashë dhe piper i zi i sapo bluar

Vendosni një raft në të tretën e poshtme të furrës (hiqni raftin sipër tij) dhe vendosni një gur pice mbi të. Ndezni furrën në maksimum dhe lëreni fëmijën të nxehet për një orë të qëndrueshme.

Pasi furra të jetë ngrohur paraprakisht, kapni një lëvozhgë pice dhe i jepni një pluhur të këndshëm e të lehtë me miell. Formoni brumin dhe brumin e përgatitur vendoseni në lëvozhgë. Thithni lëvozhgën për t'u siguruar që të mos ngjitet. Nëse është kështu, ngrini brumin dhe pluhurosni pjesën e poshtme me miell shtesë (ose, nëse askush nuk e shikon, fryni poshtë tij shumë butësisht). Mblidheni dhe formoni atë derisa të jetë një rreth i lumtur.

Shpërndani Parmigiano në mënyrë të barabartë mbi sipërfaqen e brumit, duke ndaluar rreth $\frac{3}{4}$ inç - gjerësia e gishtit të madh - nga skajet. Shpërndani mocarelën mbi Parmigiano. Në fund, hidhni butësisht rikotën me lugë në kukulla të vogla, duke synuar një ekuilibër të këndshëm.

Hapeni furrën dhe, duke e anuar pak lëvozhgën, tundeni shpejt për ta rrëshqitur picën mbi gurin e picës. Piqni picën për 10 deri në 15 minuta, derisa korja të jetë e freskët dhe në kafe të artë. Picat e bardha si kjo kanë një tendencë për t'u ngjitur më shpejt, kështu që kjo mund të marrë pak më pak kohë në furrë se shumica e picave.

Hiqni picën me lëvozhgën dhe shpërndani menjëherë rukolën në mënyrë të barabartë sipër. Nxehtësia e picës do t'i thajë zarzavatet aq sa për t'i bërë ato të buta, por ato do të vazhdojnë të mbajnë formën e tyre. Përfundoni picën me pak vaj ulliri të bukur dhe pak kripë të trashë dhe piper të zi. Shijojeni menjëherë!

58. Pica Rosa

Bën një picë 10 inç

Përbërësit:

- Një top brumë picash, i pushuar dhe gati për tu dhënë formë
- 3 ons Parmigiano-Reggiano, të grira trashë
- $\frac{1}{4}$ filxhan i pakët me feta të holla letre qepë të kuqe
- Gjethet nga $\frac{1}{2}$ degë rozmarine
- Një grusht i vogël me fëstëkë të pjekur pa kripë, të grimcuar
- Vaj ulliri ekstra i virgjër, për spërkatje

Vendosni një raft në të tretën e poshtme të furrës (hiqni raftin sipër tij) dhe vendosni një gur pice mbi të. Ndezni furrën në maksimum dhe lëreni fëmijën të nxehet për një orë të qëndrueshme.

Pasi furra të jetë ngrohur paraprakisht, kapni një lëvozhgë pice dhe i jepni një pluhur të këndshëm e të lehtë me miell. Formoni brumin dhe brumin e përgatitur vendoseni në lëvozhgë. Thithni lëvozhgën për t'u siguruar që të mos ngjitet. Nëse është kështu, ngrini brumin dhe pluhurosni pjesën e poshtme me miell shtesë (ose, nëse askush nuk e shikon, fryni poshtë tij shumë butësisht). Mblidheni dhe formoni atë derisa të jetë një rreth i lumtur.

Shpërndani Parmigiano në mënyrë të barabartë mbi picë, duke e ndalur rreth $\frac{3}{4}$ inç - gjerësia e gishtit të madh të madh - nga skajet. Shpërndani qepët dhe më pas rozmarinën - duke e shtrënguar për t'i njomur lehtë dhe për të lëshuar vajrat e saj ndërsa shkoni - në mënyrë të barabartë sipër.

Hapeni furrën dhe, duke e anuar pak lëvozhgën, tundeni shpejt për ta rrëshqitur picën mbi gurin e picës. Pas rreth 5 minutash, shpërndani shpejt fëstëkët mbi picë. Piqni picën për 5 deri në 10 minuta më gjatë, derisa korja të jetë e freskët dhe të marrë ngjyrë kafe të artë.

Hiqeni picën me lëvozhgën dhe spërkatni me një lugë të mirë vaj ulliri. Shijojeni menjëherë!

59. Pica Sonny Boy

Bën një picë 10 inç

Përbërësit:

- Një top brumë picash, i pushuar dhe gati për tu dhënë formë
- 6 lugë salcë domate të grimcuar
- $1\frac{1}{2}$ ons soppressata të prera hollë (rreth 10 feta)
- 8 deri në 10 ullinj Kalamata, Gaeta, ose ullinj tuaj të preferuar, të ndarë dhe pa kore
- Një majë ose dy parmigiano-Reggiano të grira hollë (opsionale)
- 2 ons mocarela e freskët, e grirë në kube
- Një majë rigon të tharë, mundësisht të egër

Vendosni një raft në të tretën e poshtme të furrës (hiqni raftin sipër tij) dhe vendosni një gur pice mbi të. Ndezni furrën në maksimum dhe lëreni fëmijën të nxehet për një orë të qëndrueshme.

Merrni një lëvozhgë pice dhe i jepni një pluhur të këndshëm dhe të lehtë mielli. Formoni brumin dhe brumin e përgatitur vendoseni në lëvozhgë. Thithni lëvozhgën për t'u siguruar që të mos ngjitet. Nëse është kështu, ngrini brumin dhe pluhurosni pjesën e poshtme me miell shtesë (ose, nëse askush nuk e shikon, fryni poshtë tij shumë butësisht). Mblidheni dhe formoni atë derisa të jetë një rreth i lumtur.

Hidhni me lugë salcën e domates në mënyrë të barabartë mbi picë, duke përdorur pjesën e pasme të lugës për ta ndihmuar në përhapjen e saj, duke filluar nga qendra dhe duke ndaluar rreth $\frac{3}{4}$ inç - gjerësia e gishtit të madh të madh - nga skajet. (Me një salcë domate të shtypur me dorë, konsistenca e salcës mbi sipërfaqen e picës do të jetë e pabarabartë. Është e pashmangshme.) Spërkateni Parmigiano, nëse përdorni, sipër salcës. Lërini pikat ku salca e domates është më e hollë t'ju udhëheqin për vendosjen e mocarelës - goditni ato pika më të thata me pak më shumë mocarela. Shtoni soppresatën duke i ndarë në mënyrë të barabartë, më pas ullinjtë. Më pas thërrmoni rigonin mbi picë, duke e shtrënguar fort për të aktivizuar shijen dhe aromën e saj.

Hapeni furrën dhe, duke e anuar pak lëvozhgën, tundeni shpejt për ta rrëshqitur picën mbi gurin e picës. Piqni picën për 10 deri në 15 minuta, derisa korja të jetë e freskët dhe në kafe të artë.

E heqim picën me lëvozhgën. Shijojeni menjëherë!

60. Pica Wiseguy

Bën një picë 10 inç

Përbërësit:

- 1 qepë e madhe e bardhë ose e verdhë, e prerë në rrathë të trashë
- 1 lugë gjelle vaj ulliri ekstra të virgjër, plus më shumë për spërkatje
- Një top brumë picash, i pushuar dhe gati për tu dhënë formë
- 2 ons mocarela të tymosur, gouda të tymosur ose çedër të tymosur, të prerë në feta ose të prera në kubikë
- Kripë deti e imët dhe piper i zi i sapo bluar
- $\frac{1}{4}$ filxhan gjethe majdanozi të freskëta me gjethe të sheshta të paketuara lirshëm
- $\frac{1}{2}$ kile salsiçe të ëmbla italiane, ose salsiçet tuaja të preferuara, të gatuara (të pjekura në skarë, të skuqura në tigan ose të pjekura sipas dëshirës) dhe të prera hollë në diagonale

Kripë deti e trashë

Vendosni një raft në të tretën e poshtme të furrës (hiqni raftin sipër tij) dhe ngroheni furrën në 400°F.

Vendosini fetat e qepës në një tepsi të mbyllur dhe spërkatini me 1 lugë gjelle vaj ulliri, më pas kthejini me kujdes që të lyhen në mënyrë të barabartë me vaj. I rregullojmë me kripë deti dhe piper të imët dhe i vendosim në furrë për 10 minuta. Ktheni me kujdes fetat e qepës dhe ziejini për 10 minuta të tjera. I hedhim mirë dhe i gatuajmë për rreth 10 minuta më gjatë; ju dëshironi që ato të marrin një ngjyrë të bukur, një kafe të mirë të artë dhe të gatuhen në mënyrë të konsiderueshme, por ende të kenë integritet. I grijmë në një tas dhe i hedhim me majdanoz. Le menjane.

Vendosni një gur pice në raftin e furrës dhe rrisni temperaturën e furrës në maksimum. Meqenëse furra është tashmë e nxehtë, duhet ta bëjë këtë edhe 20 minuta të tjera parangrohje.

Merrni një lëvozhgë pice dhe i jepni një pluhur të këndshëm dhe të lehtë mielli. Formoni brumin dhe brumin e përgatitur vendoseni në lëvozhgë. Thithni lëvozhgën për t'u siguruar që të mos ngjitet. Nëse është kështu, ngrini brumin dhe pluhurosni pjesën e poshtme me miell shtesë (ose, nëse askush nuk e shikon, fryni poshtë tij shumë butësisht). Mblidheni dhe formoni atë derisa të jetë një rreth i lumtur.

Goditeni brumin me mocarelën, duke e shpërndarë në mënyrë të barabartë dhe duke e ndalur rreth ¾ inç - gjerësia e gishtit të madh - nga skajet. Shtoni fetat e qepëve të karamelizuara, duke i mbështjellë ato mbi pikat ku ka më pak djathë. Në fund shtojmë salsiçen duke e rregulluar që të balancojë djathin dhe qepën.

Hapeni furrën dhe, duke e anuar pak lëvozhgën, tundeni shpejt për ta rrëshqitur picën mbi gurin e picës. Piqni picën për 10 deri në 15 minuta, derisa korja të jetë e freskët dhe në kafe të artë.

Hiqni picën me lëvozhgën, spërkatni me pak kripë të trashë dhe spërkatni me vaj ulliri. Shijojeni menjëherë!

61. Pica me peperoni me borzilok të kopshtit

SHERBIMET: 4

Përbërësit

- 1 lugë gjelle vaj ulliri ekstra të virgjër, plus më shumë për lyerje
- ½ kile bukë pa gatuar dhe brumë pica
- ¾ filxhan domate të grimcuara të konservuara, të tilla si domate San Marzano ose Pomi
- 1 filxhan djathë mocarela e grirë
- 1 filxhan djathë provolone të grirë
- 8 copa peperoni të mëdha, të prera hollë
- 2 gota domate qershi të kuqe dhe/ose të verdha
- 1 thelpi hudhër, e grirë ose e grirë
- Kripë Kosher dhe piper i sapo bluar
- Piper i kuq i grimcuar
- Borziloku i freskët, për zbukurim

Drejtimet

a) Ngrohni furrën në 450°F. Lyeni me yndyrë një fletë pjekjeje.

b) Në një sipërfaqe pune të lyer lehtë me miell, hapeni brumin në një trashësi ¼ inç. Transferoni me kujdes brumin në fletën e përgatitur për pjekje. Përhapeni domatet e shtypura në mënyrë të barabartë mbi brumë, duke lënë një kufi 1 inç, më pas shtrojini mocarelës dhe provolone. Sipër shpërndani peperonët.

c) Në një tas mesatar, kombinoni 1 lugë gjelle vaj ulliri, domatet qershi, hudhrat dhe një majë kripë, piper dhe thekon piper të kuq. Hidhni me lugë domatet në mënyrë të barabartë mbi picë. Piqni derisa korja të jetë e artë dhe djathi të jetë shkrirë, 10 deri në 15 minuta.

d) Hidhni sipër gjethet e borzilokut të freskët. Pritini dhe shërbejeni.

62. Pica me patate dhe burrata

SHERBIMET: 4

Përbërësit

- Vaj ulliri ekstra i virgjer
- ½ kile bukë pa gatuar dhe brumë pica
- ⅓filxhan Pesto borziloku me limon
- ⅓filxhan djathë të bardhë çedër të grirë
- 1 patate mesatare, e prerë në feta shumë të holla
- 2 lugë gjelle Gjithçka Bagel Spice
- 8 okë djathë burrata, i grisur
- Gjethet e borzilokut të freskët, për zbukurim
- Gjethet e freskëta të trumzës, për zbukurim

Drejtimet

a) Ngrohni furrën në 450°F. Lyeni me yndyrë një fletë pjekjeje.

b) Në një sipërfaqe pune të lyer lehtë me miell, hapeni brumin në një trashësi $\frac{1}{4}$ inç. Transferoni me kujdes brumin në fletën e përgatitur për pjekje. Përhapeni peston në mënyrë të barabartë mbi brumë, duke lënë një kufi prej 1 inç. Shtroni djathin çedër, më pas pataten e prerë në feta. Lyejeni picën me vaj ulliri dhe spërkateni me çdo erëz bagel. Piqni derisa korja të jetë e artë dhe patatet të jenë të freskëta, 10 deri në 15 minuta.

c) Mbushni picën me burrata, duke e lënë të ngrohet, rreth 5 minuta. Spërkateni me borzilok të freskët dhe trumzë dhe spërkatni me vaj ulliri. Pritini dhe shërbejeni.

63. Pica e bardhë me tre djathë dhe nektarinë

SHERBIMET: 4

Përbërësit

- 2 lugë vaj ulliri ekstra të virgjër, plus më shumë për lyerje dhe spërkatje
- ½ kile bukë pa gatuar dhe brumë pica
- 1 lugë gjelle qiqra të freskëta të grira
- ¼ filxhan gjethe të freskëta borziloku të paketuara lehtë, të copëtuara, plus më shumë për zbukurim
- 1 thelpi hudhër, e grirë
- ½ deri në 1 lugë çaji thekon spec të kuq të grimcuar
- 3 ons djathë blu të thërrmuar
- 1 filxhan djathë mocarela ose fontina e grirë
- ½ filxhan djathë parmixhano të grirë
- 1 nektarinë ose pjeshkë, e prerë në feta hollë
- Kripë Kosher dhe piper i sapo bluar
- 6 manaferra (opsionale)
- Uthull balsamike, për spërkatje
- Mjaltë, për spërkatje

Drejtimet

a) Ngrohni furrën në 450°F. Lyeni me yndyrë një fletë pjekjeje.

b) Në një sipërfaqe pune të lyer lehtë me miell, hapeni brumin në një trashësi $\frac{1}{4}$ inç. Transferoni me kujdes brumin në fletën e përgatitur për pjekje.

c) Përhapeni 2 lugë gjelle vaj ulliri mbi brumë, duke lënë një kufi prej 1 inç, më pas spërkatni mbi qiqrat e grira dhe borzilokun, hudhrat dhe thekonet e piperit të kuq. Shtoni djathin blu, mocarelën dhe parmixhanin.

d) Shtroni sipër nektarinat dhe spërkatni lehtë me vaj ulliri. I rregullojmë me kripë dhe piper. Piqni derisa korja të jetë e artë dhe djathi të jetë shkrirë, 10 deri në 15 minuta.

e) Sipër shtoni borzilokun e grirë dhe manaferrat sipas dëshirës dhe spërkatni me uthull dhe mjaltë. Pritini dhe shërbejeni.

64. Pica me mish viçi dhe kërpudha

Përbërës

- Miell për të gjitha qëllimet për pluhurosjen e lëvozhgës së picës ose spërkatës që nuk ngjit për lyerjen e tepsisë së picës
- 1 brumë i bërë vetë
- 1 lugë gjelle gjalpë pa kripë
- 1 qepë e vogël e verdhë, e copëtuar (rreth 1/2 filxhan)
- 5 ons kërpudha kremini ose butona të bardha, të prera hollë (rreth 11/2 filxhanë)
- 8 ons (1/2 paund) mish viçi i imët
- 2 lugë sheri të thatë, vermut të thatë ose verë të bardhë të thatë
- 1 lugë gjelle gjethe majdanozi të grira
- 2 lugë çaji salcë Worcestershire
- 1 lugë çaji gjethe trumze me kërcell
- 1 lugë çaji gjethe sherebele të grira
- 1/2 lugë çaji kripë
- 1/2 lugë çaji piper i zi i sapo bluar
- 2 lugë salcë bifteku në shishe
- 6 ons Cheddar, i grirë

Drejtimet

a) Brumë i freskët në një gur pice. Pluhuroni një lëvozhgë pice me miell, vendoseni brumin në qendër. Formoni brumin në një rreth të madh duke e gërmuar me majat e gishtave.

b) Brumë i freskët në një gur pice. Pluhuri një lëvozhgë pice me miell. Vendoseni brumin mbi të dhe përdorni majat e gishtave për ta zbërthyer brumin në një rreth të madh. Nxirreni brumin nga buza e tij dhe kthejeni në duar derisa të bëhet një rreth me diametër rreth 14 inç. Vendoseni brumin e formuar me anën e miellit poshtë në lëvozhgë.

c) Brumë i freskët në një tabaka pice. Lyejeni ose me llak që nuk ngjit. Vendoseni brumin në tepsi ose në fletën e pjekjes, groposeni me majat e gishtave—më pas tërhiqeni dhe shtypeni derisa të formojë një rreth 14 inç në tepsi ose një drejtkëndësh të parregullt 12 × 7 inç në fletën e pjekjes.

d) Një kore e pjekur. Vendoseni atë në një lëvozhgë pice nëse përdorni një gur pice - ose vendosni koren e pjekur pikërisht në një tabaka pice.

e) Shkrini gjalpin në një tigan të madh të vendosur mbi nxehtësinë mesatare. Shtoni gatimin e qepëve, duke e përzier shpesh, derisa të zbutet, rreth 2 minuta.

f) Shtoni kërpudhat vazhdoni zierjen, duke i përzier herë pas here, derisa të zbuten, të nxjerrin lëngun e tyre dhe të avullojë në një glazurë, rreth 5 minuta.

g) Thërrmoni në zierjen e mishit të grirë, duke e përzier herë pas here, derisa të skuqet mirë dhe të gatuhet, rreth 4 minuta.

h) Përzieni sherry, ose zëvendësuesin e tij, majdanozin, salcën Worcestershire, trumzën, sherebelën, kripën dhe piperin. Vazhdoni gatimin, duke e përzier vazhdimisht, derisa tigani të thahet përsëri. Lëreni mënjanë zjarrin.

i) Përhapeni salcën e biftekut në mënyrë të barabartë mbi kore, duke lënë një kufi prej 1/2 inç në buzë. Sipër hidheni çedarin e grirë, duke e mbajtur atë kufi të pastër.

j) Hidhni me lugë dhe shpërndajeni masën e mishit të grirë në mënyrë të barabartë mbi djathë. Më pas futeni picën nga lëvozhga te guri i nxehtë—ose vendoseni byrekun në tabakanë e saj të picës ose në fletën e miellit ose në furrë ose mbi pjesën e panxehur të grilës.

k) Piqni ose piqni në skarë me kapak të mbyllur derisa djathi të ketë filluar të flluskojë dhe korja të jetë kafe në buzë dhe disi e fortë në prekje, 16 deri në 18 minuta. Sigurohuni që të hapni çdo flluskë ajri që lind në brumë të freskët, veçanërisht në buzë dhe veçanërisht gjatë 10 minutave të para të pjekjes. Rrëshqiteni lëvozhgën përsëri nën kore, duke u kujdesur që të mos shkëputet sipërfaqja dhe më pas lëreni mënjanë për 5 minuta—ose vendoseni picën në tabakanë e picës në një raft teli për të njëjtën kohë përpara se ta prisni në feta dhe ta servirni. Për shkak se mbushjet janë veçanërisht të rënda, mund të mos jetë e mundur të hiqni lehtësisht picën nga lëvozhga, tabaka ose tepsi përpara se ta prisni në feta.

65. Pica me salcë brokoli dhe djathi

Përbërës

- Miell për të gjitha qëllimet për pluhurosjen e lëvozhgës së picës ose spërkatës që nuk ngjit për të lyer një tabaka pice
- 1 brumë i bërë vetë
- 2 lugë gjalpë pa kripë
- 2 lugë miell për të gjitha përdorimet
- 11/4 filxhan qumësht të rregullt, me pak yndyrë ose pa yndyrë
- 6 ons Cheddar, i grirë
- 1 lugë çaji mustardë Dijon
- 1 lugë çaji gjethe trumze me kërcell ose 1/2 lugë çaji trumzë të thatë
- 1/2 lugë çaji kripë
- Disa pika salcë me piper të kuq të nxehtë
- 3 filxhanë lulesh brokoli të freskëta, të ziera në avull ose të ngrira, të shkrira
- 2 ons Parmigiana ose Grana Padano, të grira imët

Drejtimet:

a) Brumë i freskët në një gur pice. Pluhuri një lëvozhgë pice me miell.
b) Vendoseni brumin në qendër të lëvozhgës dhe formoni brumin në një rreth të madh duke e gërmuar me majat e gishtave. Merrni brumin dhe rrotullojeni duke mbajtur buzën e tij, duke e tërhequr pak ndërsa e bëni këtë, derisa korja të jetë një rreth rreth 14 inç në diametër. E vendosim të lyer me miell poshtë në lëvozhgë.

c) Brumë i freskët në një tabaka pice. Lyejeni njërën ose tjetrën me llak që nuk ngjit. Vendoseni brumin në tepsi ose tepsi, groposni brumin me majat e gishtave derisa të jetë një rreth i rrafshuar. Shkrini gjalpin në një tenxhere të madhe të vendosur mbi nxehtësinë mesatare. Rrihni miellin derisa të jetë homogjen dhe përzierja që rezulton bëhet bionde shumë e lehtë, rreth 1 minutë.

d) Ulni nxehtësinë në mesatare-të ulët dhe përzieni qumështin, duke e derdhur në një rrjedhë të ngadaltë dhe të qëndrueshme në përzierjen e gjalpit dhe miellit. Vazhdoni të përzieni mbi nxehtësinë derisa të trashet, si akullorja e shkrirë, ndoshta pak më e hollë, rreth 3 minuta ose në shenjën e parë të zierjes. Hiqeni tiganin nga zjarri dhe shtoni salcën me çedër të grirë, mustardën, trumzën, kripën dhe piper të kuq djegës (për shije). Ftoheni për 10 deri në 15 minuta, duke e përzier herë pas here.

e) Nëse jeni duke punuar me një kore të pjekur, kaloni këtë hap. Nëse jeni duke përdorur brumë të freskët, rrëshqitni koren e formuar, por ende jo të sipërmuar nga lëvozhga te guri i nxehtë ose vendoseni koren në tepsi ose në fletën e pjekjes ose në furrë ose mbi pjesën e panxehur të grilës së skarës. Piqni ose piqni në skarë me kapak të mbyllur derisa korja të marrë ngjyrë kafe të lehtë, duke u kujdesur që të shpërthejë çdo flluskë ajri që lind në sipërfaqen e saj ose në buzë, rreth 12 minuta. Rrëshqiteni lëvozhgën përsëri nën kore për ta hequr nga guri—ose transferojeni tabakanë e picës me koren në një raft teli.

f) Përhapeni salcën e trashë të djathit mbi kore, duke lënë një kufi prej 1/2 inç në buzë. Hidhni sipër lulet e brokolit.

66. Pica me salcë brokoli dhe domate

Përbërës

- Ose miell misri i verdhë për pluhurosjen e lëvozhgës së picës ose vaj ulliri për lyerjen e një tabakaje picash
- 1 brumë i bërë vetë
- 1 pimiento e madhe në kavanoz ose piper i kuq i pjekur
- 1/2 lugë çaji thekon piper të kuq
- 1/2 filxhan salcë klasike pica
- 3 ons mocarela, e grirë
- Provoloni 3 ons, Muenster, ose Havarti, i copëtuar
- 2 filxhanë lulesh brokoli të ngrira ose lule të freskëta, të ziera në avull
- 1 ons Parmigiana ose Grana Padano, e grirë imët

Drejtimet

a) Brumë i freskët në një gur pice. Pluhuroni një lëvozhgë pice me miell, vendoseni brumin në qendër. Formoni brumin në një rreth të madh duke e gërmuar me majat e gishtave.

b) Brumë i freskët në një gur pice. Pluhuroni një lëvozhgë pice me miell misri. Vendoseni brumin si një gungë në lëvozhgë dhe më pas groposeni me majat e gishtave derisa të bëhet një rreth i madh. Merrni brumin, mbajeni nga buza e tij në të dyja duart dhe rrotullojeni, duke e shtrirë pak, derisa të jetë një rreth me diametër rreth 14 inç. Vendoseni nga ana e miellit të misrit poshtë në lëvozhgë. Nëse keni përdorur brumin e picës spelled, mund të jetë shumë i brishtë për t'u formësuar me këtë teknikë.

c) Brumë i freskët në një tabaka pice. Lyejeni tavën ose tepsi me vaj ulliri. Vendoseni brumin në secilën prej tyre dhe groposeni me majat e gishtave—më pas tërhiqeni dhe shtypni brumin derisa të formojë një rreth 14 inç në tepsi ose një drejtkëndësh të parregullt, 13 inç të gjatë dhe 7 inç të gjerë, në fletën e pjekjes. Një kore e pjekur. Vendoseni në një lëvozhgë pice të lyer me miell nëse përdorni një gur pice - ose vendosni koren e pjekur pikërisht në një tabaka pice.

d) Pure pimiento me thekon piper të kuq në një procesor të vogël ushqim deri sa të jetë e qetë. Përndryshe, grijini ato në një llaç me një shtyp deri në një pastë të butë. Le menjane. Përhapeni salcën e picës në mënyrë të barabartë mbi koren e përgatitur, duke lënë një kufi prej 1/2 inç në buzë. Hidhni sipër të dy djathërat e grirë, duke e mbajtur atë kufi të paprekur.

e) Spërkatni lulet e brokolit rreth byrekut, duke e lënë sërish atë kufi të paprekur. Vendoseni purenë e pimiento sipër, duke përdorur rreth 1 lugë çaji për çdo kukull. Hidhni sipër parmigianën e grirë hollë. Rrëshqitni me kujdes picën nga lëvozhga mbi gurin e nxehtë - ose nëse keni përdorur një tepsi ose fletë pjekjeje, vendoseni ose me byrekun e saj në furrë ose mbi pjesën e pa ngrohur të grilës.

f)Piqni ose piqni në skarë me kapak të mbyllur derisa djathi të shkrihet, salca e kuqe të jetë e trashë dhe korja të jetë kafe e artë dhe e fortë në prekje, 16 deri në 18 minuta.

g) Ose rrëshqisni lëvozhgën përsëri nën pica për ta hequr atë nga guri shumë i nxehtë ose transferojeni picën në tepsi ose tepsi në një raft teli. Nëse dëshironi të siguroheni që korja të mbetet e freskët, hiqeni byrekun nga lëvozhga, tepsi ose tepsi pasi të jetë ftohur për rreth 1 minutë, vendoseni picën direkt në raftin e telit. Në çdo rast, ftohuni për gjithsej 5 minuta përpara se ta prisni në feta.

67. Pica Buffalo Chicken

Përbërës

- Ose miell misri të verdhë për të pluhurosur një lëvozhgë pice ose gjalpë pa kripë për të lyer një tabaka pice
- 1 brumë i bërë vetë
- 1 lugë gjelle gjalpë pa kripë
- Gjoks pule 10 ons pa kocka pa lëkurë, të prera hollë
- 1 lugë gjelle salcë me piper të kuq djegës
- 1 lugë gjelle salcë Worcestershire
- 6 lugë salcë kili në shishe, si Heinz
- 3 ons mocarela, e grirë
- 3 ons Monterey Jack, të copëtuara
- 3 brinjë selino të mesme, të prera hollë
- Djathë blu 2 ons, si Gorgonzola, blu daneze ose Roquefort

Drejtimet

a) Brumë i freskët në një gur pice. Pluhuroni një lëvozhgë pice me miell, vendoseni brumin në qendër. Formoni brumin në një rreth të madh duke e gërmuar me majat e gishtave.

b) Brumë i freskët në një gur pice. Pluhuroni një lëvozhgë pice me miell misri. Vendoseni brumin në qendër të lëvozhgës dhe formoni brumin në një rreth të madh duke e gërmuar me majat e gishtave. Merrni brumin dhe formoni me duar, duke mbajtur buzën e tij, duke e kthyer ngadalë brumin derisa të bëhet një rreth rreth 14 inç në diametër. Vendoseni nga ana e miellit të misrit poshtë në lëvozhgë.

c) Brumë i freskët në një fletë pjekjeje. Lyeni pak gjalpë pa kripë në një peshqir letre, më pas fërkojeni rreth një tabakaje pice për ta lyer plotësisht. Vendoseni brumin në tepsi ose tepsi, groposni brumin me majat e gishtave derisa të jetë një rreth i rrafshuar. Më pas tërhiqeni dhe shtypeni derisa të formojë një rreth 14 inç në tepsi ose një drejtkëndësh të parregullt 12 × 7 inç në fletën e pjekjes. Një kore e pjekur. Vendoseni atë në një lëvozhgë pice të pluhurosur me miell misri nëse përdorni një gur pice - ose vendosni koren e pjekur në një tepsi të lyer me gjalpë ose një tepsi të madhe pjekjeje.

d) Shkrini gjalpin në një tigan të madh ose wok të vendosur mbi nxehtësinë mesatare. Shtoni kuzhinën e pulës të prerë në feta, duke e përzier shpesh, derisa të gatuhet, rreth 5 minuta. Hiqeni tiganin ose wok-un nga zjarri dhe përzieni me salcën e piperit të kuq të nxehtë dhe salcën Worcestershire. Përhapeni salcën e çilit mbi kore, duke u kujdesur që të lini një kufi prej 1/2 inç në buzë. Shtroni pulën e lyer me feta mbi salcë.

e) Hidhni sipër mocarelën e grirë dhe Monterey Jack, duke ruajtur buzën e kores. Spërkateni selinon e prerë në mënyrë të barabartë mbi byrekun. Në fund, grijeni djathin blu në mënyrë të barabartë.

68. Pica Chard dhe djathë blu

Përbërës

- Mielli i verdhë i misrit për lëvozhgën ose spërkatja jongjitëse për tepsin e picës ose fletën e pjekjes
- 1 brumë i bërë vetë,
- 2 lugë gjalpë pa kripë
- 3 thelpinj hudhre, te grira
- 4 gota të paketuara fort, të copëtuara, gjethe chard zvicerane me kërcell
- Mocarela 6 ons, e grirë
- 1/3 filxhan Gorgonzola e shkërmoqur, blu daneze ose roquefort
- 1/2 lugë çaji arrëmyshk i grirë
- Deri në 1/2 lugë çaji thekon piper të kuq, sipas dëshirës

Drejtimet

a) Brumë i freskët në një gur pice. Pluhuroni një lëvozhgë pice me miell, vendoseni brumin në qendër. Formoni brumin në një rreth të madh duke e gërmuar me majat e gishtave.

b) Brumë i freskët picash në një gur picash. Pluhuroni një lëvozhgë pice me miell misri, më pas vendoseni brumin në qendër. Formoni atë në një rreth të madh duke e gërmuar me majat e gishtave. Merrni atë dhe formësoni me duar, duke mbajtur buzën e tij, duke e kthyer ngadalë brumin derisa të jetë rreth 14 inç në diametër. E vendosim të lyer me miell poshtë në lëvozhgë.

c) Brumë i freskët në një tabaka pice. Lyejeni secilën prej tyre me llak që nuk ngjit. Vendoseni brumin në tepsi ose tepsi dhe groposeni brumin me majat e gishtave—më pas tërhiqeni dhe shtypeni derisa të formojë një rreth 14 inç në tepsi ose një drejtkëndësh të parregullt 12 × 7 inç në fletën e pjekjes.

d) Një kore e pjekur. Vendoseni atë në një lëvozhgë pice nëse përdorni një gur pice - ose vendosni koren e pjekur pikërisht në një tabaka pice.

e) Ngroheni gjalpin në një tigan të madh mbi nxehtësinë mesatare. Shtoni hudhrën dhe gatuajeni për 1 minutë.

f) Shtoni zarzavatet dhe gatuajeni, duke i hedhur shpesh me darë ose dy pirunë, derisa të zbuten dhe të thahen, rreth 4 minuta. Le menjane.

g) Spërkateni mocarelën e copëtuar mbi brumë, duke lënë një kufi prej 1/2 inç rreth buzës.

h) Hidhni sipër përzierjen e zarzavateve nga tigani, më pas spërkatni djathin blu sipër picës. Grini arrëmyshkun sipër dhe spërkatni mbi petat e specit të kuq, sipas dëshirës.

i) Rrëshqiteni picën nga lëvozhga në gurin e nxehtë ose vendoseni byrekun në tepsi ose në fletën e miellit ose në furrë ose në pjesën e pa ngrohur të skarës. Piqni ose piqni në skarë me kapak të mbyllur derisa djathi të shkrihet dhe të flluskojë dhe korja të jetë e fortë në prekje, 16 deri në 18 minuta.

j) Rrëshqiteni lëvozhgën poshtë byrekut për ta hequr nga guri i nxehtë, më pas lëreni mënjanë—ose transferojeni byrekun në tepsi ose tepsi në një raft teli. Ftoheni për 5 minuta përpara se ta prisni në feta.

69. Pica Chorizo dhe Piper i Kuq

Përbërës

- Ose miell për të gjitha përdorimet për pluhurosjen e lëvozhgës ose spërkatës që nuk ngjit për lyerjen e tabakasë së picës
- 1 brumë i bërë vetë,
- 1 spec të kuq mesatar
- domate të thara në diell të paketuara në vaj
- 1 thelpi hudhër, të prerë në katër pjesë
- 4 ons mocarela ose Monterey Jack, të grira
- 4 ons (1/4 paund) chorizo spanjolle gati për t'u ngrënë, e prerë në feta hollë
- 1/2 filxhan ullinj jeshil të prerë në feta
- 3 ons Manchego ose Parmigiana, të rruara në shirita të hollë

Drejtimet

a) Brumë i freskët në një gur pice. Pluhuroni një lëvozhgë pice me miell, vendoseni brumin në qendër. Formoni brumin në një rreth të madh duke e gërmuar me majat e gishtave.

b) Brumë i freskët në një gur pice. Filloni duke pluhurosur një lëvozhgë pice me miell, më pas vendoseni brumin në qendër. Përdorni majat e gishtave për të zbehur brumin, duke e përhapur pak derisa të bëhet një rreth i rrafshuar. Merreni dhe formësoni duke e mbajtur buzën dhe duke e kthyer ngadalë derisa të jetë rreth 14 inç në diametër. E vendosim të lyer me miell poshtë në lëvozhgë.

c) Brumë i freskët në një fletë pjekjeje. Lyejeni një tepsi për pica me llak që nuk ngjit. Vendoseni brumin në tepsi ose në fletën e pjekjes, groposeni me majat e gishtave derisa të jetë një rreth i rrafshuar—më pas tërhiqeni dhe shtypeni derisa të formojë një rreth 14 inç në tepsi ose një drejtkëndësh të parregullt 12 × 17 inç në fletën e pjekjes. Një kore e pjekur. Vendoseni në një lëvozhgë pice të lyer me miell nëse përdorni një gur pice - ose vendosni koren e pjekur pikërisht në një tabaka pice.

d) Vendoseni piperin në një fletë pjekjeje të vogël me buzë dhe ziejini 4 deri në 6 inç nga një broiler i ngrohur paraprakisht derisa të nxihet përreth, duke e kthyer herë pas here, rreth 4 minuta. Në secilin rast, vendosni piperin e nxirë në një tas të vogël dhe mbylleni fort me mbështjellës plastik ose mbylleni në një qese letre. Lëreni mënjanë për 10 minuta.

e) Qëroni copat e jashtme të nxira nga piperi. Nuk ka nevojë të hiqni çdo pjesë të vogël të zezë. Kërcelli, bërthama dhe fara e specit para se ta grisni në copa të mëdha. Vendosini këto pjesë në një përpunues ushqimi. Shtoni domatet e thara në diell dhe hudhrat derisa të bëhet një pastë mjaft e lëmuar, duke gërvishtur anët me një shpatull gome sipas nevojës. Përhapeni përzierjen e piperit mbi kore, duke lënë një kufi prej 1/2 inç në buzë. Mbi përzierjen e specit hidhni djathin e grirë dhe më pas rregulloni fetat chorizo mbi picë.

f) Spërkatni ullinjtë mbi byrekun dhe më pas vendosni shiritat e rruar të Manchego-s nëpër tonings.

70. Delicata Squash dhe Chard Pizza

Përbërës

- Miell për të gjitha qëllimet për lëvozhgën e picës ose vaj ulliri për tabakanë e picës
- 1 brumë i bërë vetë
- 1 lugë gjelle gjalpë pa kripë
- qepë e vogël e verdhë, e copëtuar (rreth 1/2 filxhan)
- filxhan kungull delicata me fara dhe të prera në kubikë (2 ose 3 kunguj të mesëm)
- 4 filxhanë gjethe chard zviceriane të copëtuara me kërcell
- 1/4 filxhan verë të bardhë të thatë ose vermut të thatë
- lugë gjelle shurup panje
- 1 lugë çaji gjethe sherebele të grira
- 1/2 lugë çaji kanellë të bluar
- 1/2 lugë çaji kripë
- 1/2 lugë çaji piper i zi i sapo bluar
- 8 okë Fontina, të grira

Drejtimet

a) Brumë i freskët në një gur pice. Pluhuroni një lëvozhgë pice me miell, vendoseni brumin në qendër. Formoni brumin në një rreth të madh duke e gërmuar me majat e gishtave.

b) Brumë i freskët në një gur pice. Lëkurën e picës e pudrosni lehtë me miell. Shtoni brumin dhe formoni një rreth të madh duke e gërmuar me majat e gishtave. Merreni atë me të dyja duart në skajin e tij dhe rrotullojeni ngadalë, duke e lënë gravitetin të zgjasë rrethin ndërsa ju bëni këtë edhe në skajin e tij, derisa të jetë rreth 14 inç në diametër. Vendoseni brumin e formuar me anën e miellit poshtë në lëvozhgë.

c) Brumë i freskët në një tabaka pice. Lyejmë lehtë tavën ose fletën e pjekjes me pak vaj ulliri. Vendoseni brumin në qendër dhe groposni brumin me majat e gishtave për ta rrafshuar në një rreth të trashë—më pas tërhiqeni dhe shtypeni derisa të formojë një rreth 14 inç në tepsi ose një drejtkëndësh të parregullt 12 × 7 inç në fletën e pjekjes .

d) Një kore e pjekur. Vendoseni në një lëvozhgë pice të lyer me miell nëse përdorni një gur pice - ose vendosni koren e pjekur në një tabaka pice. Shkrini gjalpin në një tigan të madh të vendosur mbi nxehtësinë mesatare, më pas shtoni qepën dhe gatuajeni, duke e trazuar shpesh, derisa të bëhet e tejdukshme, rreth 3 minuta. Hidhni kungullin e prerë në kubikë dhe gatuajeni, duke i përzier herë pas here, për 4 minuta. Shtoni drithin e grirë dhe derdhni verën ose vermutin. Përziejini vazhdimisht derisa të zbehet pjesërisht, më pas hidhni shurupin e panjeve, sherebelën, kanellën, kripën dhe piperin.

e) Hidheni mirë, mbulojeni, zvogëloni nxehtësinë në të ulët dhe gatuajeni, duke i përzier herë pas here, derisa drithi dhe kungulli të zbuten dhe lëngu të ketë avulluar në një lustër, rreth 8 minuta. Përhapeni Fontinën e copëtuar në mënyrë të barabartë mbi kore, duke lënë një kufi prej 1/2 inç rreth buzës së saj.

f) Hidhni me lugë kungujt dhe majat e drithit në mënyrë të barabartë mbi djathë. Rrëshqiteni koren nga lëvozhga dhe mbi gurin e ndezur ose vendoseni byrekun në tepsi ose tepsi në furrë ose mbi pjesën e panxehur të skarës. Piqni ose piqni në skarë me kapak të mbyllur derisa djathi të flluskojë dhe korja të ketë marrë një kafe të artë, 16 deri në 18 minuta.

g) Rrëshqiteni lëvozhgën përsëri nën kore për ta hequr nga guri dhe për të ftohur për 5 minuta, ose transferojeni byrekun në tepsi ose tepsi në një raft teli për t'u ftohur për 5 minuta.

71. Pica Confit Duck

Përbërës

- Miell për të gjitha qëllimet për lëvozhgën e picës ose spërkatës që nuk ngjit për tabakën e picës
- 1 brumë i bërë vetë
- 4 ons (1 /4 paund) Gruyère, i grirë
- 1/3 filxhan fasule të bardha të konservuara, të kulluara dhe të shpëlarë
- 1 kokë hudhër të pjekur
- 2 lugë gjelle gjethe sherebele të grira ose 1 lugë gjelle sherebelë të thatë
- 2 lugë çaji gjethe trumze me kërcell ose 1 lugë çaji trumzë të thatë
- 1/2 lugë çaji kripë
- 1/2 lugë çaji piper i zi i sapo bluar
- Këmbët e rosës prej 4 ons, të zhveshur nga kockat dhe mishi i copëtuar
- 2 oz kielbasa të tymosur, gati për t'u ngrënë, të prera hollë
- 1 1 /2 ons Parmigiana, e grirë imët

Drejtimet

a) Brumë i freskët në një gur pice. Pluhuroni një lëvozhgë pice me miell, vendoseni brumin në qendër. Formoni brumin në një rreth të madh duke e gërmuar me majat e gishtave.

b) Brumë i freskët në një gur pice. Pasi të keni spërkatur me miell lëvozhgën e picës, vendoseni brumin në qendër dhe zvogëloni brumin me majat e gishtave, duke e shtrirë derisa të bëhet një rreth i rrafshuar dhe i valëzuar. Merrni atë nga skaji i tij dhe rrotullojeni ngadalë në duar, duke e shtrirë skajin ndërsa e bëni këtë, derisa të jetë një rreth rreth 14 inç në diametër. Vendoseni brumin me anë të miellit poshtë në lëvozhgë.

c) Brumë i freskët në një tabaka pice. Lyejeni ose me llak që nuk ngjit dhe vendoseni brumin në qendër. Zbutni brumin me majat e gishtave—më pas tërhiqeni dhe shtypni brumin derisa të formojë një rreth 14 inç në tepsi ose një drejtkëndësh të parregullt, rreth 12 inç i gjatë dhe 7 inç i gjerë, në fletën e pjekjes. Një kore e pjekur. Vendoseni atë në një lëvozhgë pice të lyer me miell nëse përdorni një gur pice - ose vendosni koren e pjekur në një tabaka pice të lyer me yndyrë.

d) Përhapeni Gruyère-n e copëtuar mbi kore, duke lënë një kufi prej 1/2 inç në buzë. Mbi djathin me fasule, më pas shtrydhni tulin e hudhrës sipër picës. Nëse jeni duke përdorur hudhra të pjekura të blera, ndani thelpinj në katër pjesë në mënyrë që ato të mund të spërkaten mbi byrekë. Spërkateni me sherebelë, trumzë, kripë dhe piper.

e) Rregulloni mishin e grirë të konfit të rosës dhe rrumbullakët kielbasa mbi byrekë, më pas vendosni sipër parmigianën e grirë. Rrëshqitni byrekun nga lëvozhga mbi gurin e ndezur ose vendoseni byrekun në tabaka e picës ose në furrë ose në pjesën e pa ngrohur të grilës së skarës.

f) Piqni ose piqni në skarë me kapak të mbyllur derisa korja të jetë skuqur lehtë dhe disi e fortë në prekje, 16 deri në 18 minuta. Nëse ndonjë flluskë ajri shfaqet rreth skajeve të brumit të freskët, shpojini ato me një pirun.

72. Pica Nacho

Përbërës

- Miell misri i verdhë për pluhurosjen e lëvozhgës së picës ose sprej jo ngjitës për lyerjen e tabakasë së picës
- 1 brumë i bërë vetë
- 11 /4 filxhan fasule të skuqura të konservuara
- 6 ons Monterey Jack, i copëtuar
- 3 domate mesatare kumbulle, të grira
- 1/2 lugë çaji qimnon i bluar
- lugë çaji gjethe rigon të grira ose 1/2 lugë çaji rigon të thatë
- 1/2 lugë çaji kripë
- 1/2 lugë çaji piper i zi i sapo bluar
- 1/3 filxhan salsa
- 1/2 filxhan salcë kosi të rregullt ose me pak yndyrë
- Feta jalapeño turshi në kavanoz, për shije

Drejtimet

a) Brumë i freskët në një gur pice. Pluhuroni një lëvozhgë pice me miell misri, vendoseni brumin në qendër dhe formoni brumin në një rreth të madh duke e gërmuar me majat e gishtave. Merrni atë dhe formësoni me duart tuaja në buzë, duke e kthyer ngadalë brumin derisa të jetë rreth 14 inç në diametër. Vendoseni nga ana e miellit të misrit poshtë në lëvozhgë.

b) Brumë i freskët në një tabaka pice. Lyejeni tavën ose fletën e pjekjes me llak që nuk ngjit. Vendoseni brumin në qendër dhe groposeni brumin me majat e gishtave derisa të jetë një rreth i madh dhe i rrafshuar—më pas tërhiqeni dhe shtypni derisa të formojë një rreth 14 inç në tabaka ose një drejtkëndësh të parregullt, rreth 12 × 7 inç, në Flete gatuese.

c) Një kore e pjekur. Vendoseni atë në një lëvozhgë pice nëse përdorni një gur pice - ose vendosni koren e pjekur pikërisht në një tabaka pice. Përdorni një shpatull gome për të përhapur fasulet e skuqura mbi kore, duke e mbuluar në mënyrë të barabartë, por duke lënë një kufi prej 1/2 inç në buzë. Sipër fasulet me Monterey Jack të grirë.

d) Përzieni domatet e copëtuara, qimonin, rigonin, kripën dhe piperin në një tas të madh, më pas shpërndajeni në mënyrë të barabartë mbi djathë. Vendoseni salsën në lugë të vogla mbi kore. Rrëshqiteni picën nga lëvozhga në gurin e ndezur ose vendoseni byrekun në tepsi ose tepsi në furrë ose në grilë mbi nxehtësinë indirekte. Piqni ose piqni në skarë me kapak të mbyllur derisa djathi të fryjë dhe fasulet të jenë të nxehta, e)Vendoseni lëvozhgën përsëri nën kore dhe lëreni mënjanë ose transferojeni byrekun në tepsi ose tepsi në një raft teli. Ftoheni për 5 minuta. Për një kore më të freskët, hiqni picën nga lëvozhga, tabaka ose tepsi pas një ose dy minutash për ta lënë të ftohet drejtpërdrejt në raftin e telit.

f)Mbushni byrekun me salcë kosi dhe me aq feta jalapeño sa të doni përpara se ta prisni dhe ta shërbeni.

73. Pica me bizele dhe karota

Përbërës

- Miell për të gjitha qëllimet për lëvozhgën e picës
- 1 brumë i bërë vetë
- 2 lugë gjalpë pa kripë
- 1 1 /2 lugë miell për të gjitha qëllimet
- 1/2 filxhan qumësht i plotë, me pak yndyrë ose pa yndyrë
- 1/2 filxhan krem i rëndë, i rrahur ose i lehtë 3 ons
- 2 lugë çaji gjethe trumze me kërcell
- 1/2 lugë çaji arrëmyshk i grirë
- 1 filxhan bizele të freskëta të lëvozhga ose bizele të ngrira, të shkrira
- 1 filxhan karota të prera në kubikë
- 3 thelpinj hudhre, te grira
- 1 ons Parmigiana, e grirë imët

Drejtimet

a) Brumë i freskët në një gur pice. Pluhuroni një lëvozhgë pice me miell, vendoseni brumin në qendër dhe zhytni brumin në një rreth të rrafshuar dhe të madh me majat e gishtave. Merrni atë dhe formësoni duke e mbajtur buzën e tij, duke e rrotulluar ngadalë dhe duke e shtrirë butësisht brumin derisa rrethi të jetë rreth 14 inç në diametër.
b) Vendoseni brumin me anë të miellit poshtë në lëvozhgë.
c) Brumë i freskët në një tabaka pice. Lyejeni ose me llak që nuk ngjit, vendoseni brumin në qendër të secilit. Gërmoni brumin me majat e gishtave derisa të jetë një rreth i rrafshuar dhe i shtypur—më pas tërhiqeni dhe shtypeni derisa të formojë një rreth 14 inç në tepsi ose një drejtkëndësh të parregullt 12 × 7 inç në fletën e pjekjes. Një kore e pjekur. Vendoseni në një lëvozhgë pice të lyer me miell nëse përdorni një gur pice - ose vendosni koren e pjekur pikërisht në një tabaka pice.
d) Shkrini gjalpin në një tigan të madh të vendosur mbi nxehtësinë mesatare. Hidhni miellin dhe vazhdoni ta përzieni derisa të bëhet një ngjyrë bezhë e butë dhe shumë e lehtë. Rrihni qumështin në një rrjedhë të ngadaltë dhe të qëndrueshme dhe më pas shtoni kremin.
e) Vazhdoni të trazoni mbi nxehtësinë derisa të trashet, afërsisht si akullore e shkrirë mjaft e hollë. Përzieni djathin e grirë, trumzën dhe arrëmyshkun derisa të jenë të lëmuara. Ftoheni në temperaturën e dhomës për 10 minuta.
f) Ndërkohë, rrëshqitni koren e papaguar nga lëvozhga te guri i nxehur ose vendoseni koren në tabaka e saj ose në furrë ose mbi pjesën e panxehur të grilës së grilit. Piqni ose piqni në

skarë me kapak të mbyllur derisa korja sapo të fillojë të ndihet e fortë në skajet e saj dhe sapo të fillojë të skuqet, rreth 10 minuta.

g) Rrëshqiteni lëvozhgën mbrapsht nën koren e pjekur pjesërisht dhe hiqeni nga furra ose grila - ose përndryshe transferojeni koren në tepsi ose tepsi në një raft teli.

h) Përhapeni salcën e trashë me bazë qumështi mbi kore, duke lënë një kufi prej 1/2 inç në buzë.

i) Mbi salcën hidhni bizelet dhe karotat, më pas spërkatni hudhrat në mënyrë të barabartë mbi byrekun. Në fund, spërkatni Parmigianën e grirë mbi toppings.

74. Pica Philly Cheesesteak

Përbërës

- Miell për të gjitha qëllimet për lëvozhgën e picës ose spërkatës që nuk ngjit për tabakën e picës
- 1 brumë i bërë vetë,
- 1 lugë gjelle gjalpë pa kripë
- 1 qepë e vogël e verdhë, e përgjysmuar përmes kërcellit dhe e prerë në feta hollë
- 1 spec jeshil i vogël zile, i prerë me fara dhe i prerë në feta shumë të hollë
- 2 lugë salcë Worcestershire
- Disa pika salcë me piper të kuq të nxehtë
- 6 lugë salcë klasike të picës
- 8 ons (1/2 paund) mocarela, e grirë
- 6 ons deli mish viçi i pjekur, letër e rruar hollë dhe e prerë në shirita
- Provolone 3 ons, e grirë

Drejtimet

a) Brumë i freskët në një gur pice. Lëkurën e picës e pudrosni lehtë me miell. Shtoni brumin dhe formoni një rreth të madh duke e gërmuar me majat e gishtave. Merrni atë nga skaji i saj dhe jepni formë duke e kthyer ngadalë dhe duke e shtrirë butësisht derisa të jetë rreth 14 inç në diametër. E vendosim të lyer me miell poshtë në lëvozhgë.

b) Brumë i freskët në një tabaka pice. Lyejeni tavën ose fletën e pjekjes me llak që nuk ngjit. Vendoseni brumin në qendër dhe groposeni me majat e gishtave derisa të bëhet një rreth i shtypur—më pas tërhiqeni dhe shtypni brumin derisa të formojë një rreth me diametër rreth 14 inç në tabaka ose një drejtkëndësh të parregullt, rreth 12 × 7 inç, në Flete gatuese.

c) Një kore e pjekur. Vendoseni në një lëvozhgë pice të lyer me miell nëse përdorni një gur pice - ose vendosni koren e pjekur në një tabaka pice. Shkrini gjalpin në një tigan të madh të vendosur mbi nxehtësinë mesatare. Shtoni qepën dhe piperin e zier, duke i përzier shpesh, derisa të zbuten, rreth 5 minuta. Përzieni salcën Worcestershire dhe salcën e piperit të kuq të nxehtë (për shije). Vazhdoni gatimin derisa lëngu në tigan të zvogëlohet në një lustër, rreth 2 minuta të tjera. Ftoheni në temperaturën e dhomës për 5 minuta. Përdorni një shpatull gome për të përhapur salcën e picës mbi koren e përgatitur, duke lënë një kufi prej 1/2 inç në buzë. Hidhni sipër mocarelën e grirë.

d) Vendosni shiritat e mishit të pjekur në mënyrë të barabartë mbi byrekë, më pas hidhni me lugë dhe shpërndani përzierjen e perimeve mbi viçin. Sipër i hidhni provolonen e grirë.

e) Rrëshqiteni picën nga lëvozhga në gurin e nxehtë ose vendoseni picën në tepsi ose tepsi ose në furrë ose mbi pjesën e grilës që nuk është e duhur mbi burimin e nxehtësisë.

f) Piqeni ose piqni në skarë me kapak të mbyllur derisa korja të marrë ngjyrë të artë, të skuqet në mënyrë të barabartë në pjesën e poshtme të saj dhe djathi të jetë shkrirë dhe madje ka filluar të marrë një kafe shumë të lehtë, rreth 18 minuta.

g) Një ose dy herë, kontrolloni brumin e freskët, qoftë të bërë vetë apo të blerë në dyqan, për të shpuar çdo flluskë ajri që mund të lindë në sipërfaqen e tij, veçanërisht në buzë.

75. Pica polineziane

Përbërës

- Miell për të gjitha qëllimet për të pluhurosur lëvozhgën e picës ose spërkatës që nuk ngjit për të yndyrosur tabakanë e picës
- 1 brumë i bërë vetë
- 3 lugë salcë soje e ëmbël e trashë
- Mocarela 6 ons, e grirë
- 3 ons proshutë kanadeze, të prera në kubikë
- 1 filxhan copa ananasi të freskët
- 1/2 filxhan qepë të prera hollë
- lugë fara susami

Drejtimet

a) Brumë i freskët në një gur pice. Pluhuri një lëvozhgë pice me miell, vendoseni brumin në qendër dhe formoni brumin në një rreth të madh e të rrafshuar duke e gërmuar me majat e gishtave. Merrni atë nga skaji dhe shtrijeni duke e rrotulluar derisa të jetë rreth 14 inç në diametër. Vendoseni brumin e formuar me anën e miellit poshtë në lëvozhgë.

b) Brumë i freskët në një tabaka pice. Lyejeni tavën ose fletën e pjekjes me llak që nuk ngjit. Vendoseni brumin në qendër të secilit prej tyre dhe zvogëloni brumin me majat e gishtave—më pas tërhiqeni dhe shtypni derisa të formojë një rreth 14 inç në tepsi ose një drejtkëndësh të parregullt 12 × 7 inç në fletën e pjekjes.

c) Një kore e pjekur. Vendoseni në një lëvozhgë pice të lyer me miell nëse përdorni një gur pice - ose vendosni koren e pjekur në një tabaka pice.

d) Përhapeni salcën e sojës në mënyrë të barabartë mbi brumë, duke lënë një kufi prej 1/2 inç në buzë. Spërkateni mocarelën e grirë në mënyrë të barabartë mbi salcë.

e) Mbi picën me proshutë kanadeze, copa ananasi dhe qepë të prera në feta—më pas spërkatni farat e susamit në mënyrë të barabartë mbi byrekun.

f) Rrëshqitni koren nga lëvozhga te guri shumë i nxehtë ose vendoseni byrekun në tepsi ose tepsi në furrë ose në skarë mbi pjesën e pa ngrohur. Piqni ose piqni në skarë me kapak të mbyllur derisa djathi të shkrihet dhe korja të marrë ngjyrë kafe të artë, 16 deri në 18 minuta.

g) Rrëshqiteni lëvozhgën përsëri nën kore për ta hequr nga guri i nxehtë ose transferojeni byrekun në tepsi ose tepsi në një raft teli. Ftoheni picën në lëvozhgë ose në raftin e pjekjes për 5 minuta përpara se ta prisni në feta. Për të siguruar që korja të mbetet krokante, transferojeni picën nga lëvozhga, tabaka ose tepsi drejt e në raftin e telit pas një minute apo më shumë.

76. Pica byrek me tenxhere

Përbërës

- Miell misri i verdhë për lëvozhgën e picës
- 1 brumë i bërë vetë
- 1 lugë gjelle gjalpë pa kripë
- 11/2 lugë miell për të gjitha qëllimet
- 1 filxhan qumësht i plotë, me pak yndyrë ose pa yndyrë, në temperaturë dhome
- 1 lugë gjelle mustardë Dijon
- 11/2 lugë çaji gjethe trumze me kërcell ose 1 lugë çaji trumzë të thatë
- 1 lugë çaji gjethe sherebele të grira ose 1/2 lugë çaji sherebelë të thatë
- 1 filxhan mish pule ose gjeldeti i prerë, i pastruar nga lëkura, i pa kockat
- 2 gota perime të përziera të ngrira, të shkrira
- 2 lugë çaji salcë Worcestershire
- 1/2 lugë çaji kripë
- 1/2 lugë çaji piper i zi i sapo bluar
- Disa pika salcë me piper të kuq të nxehtë
- 6 ons Gouda, Emmental, Swiss ose Cheddar, të grira

Drejtimet

a) Brumë i freskët në një gur pice. Filloni duke pluhurosur një lëvozhgë pice me miell misri, më pas vendoseni brumin në qendër. Zhyteni brumin me majat e gishtave në një rreth të madh e të rrafshuar—më pas kapeni, mbajeni nga buza dhe rrotullojeni përpara jush, duke e shtrirë gjatë gjithë kohës butësisht derisa të jetë rreth 14 inç në diametër. Vendoseni brumin e formuar nga ana e miellit të misrit poshtë në lëvozhgë.

b) Brumë i freskët në një tabaka pice. Lyejeni njërën ose tjetrën me llak që nuk ngjit. Vendoseni brumin në qendër të secilit prej tyre dhe zvogëloni brumin me majat e gishtave—më pas tërhiqeni dhe shtypni derisa të formojë një rreth me diametër rreth 14 inç në tepsi ose një drejtkëndësh të parregullt 12 × 7 inç në fletën e pjekjes.

c) Një kore e pjekur. Vendoseni atë në një lëvozhgë pice të pluhurosur me miell misri nëse përdorni një gur pice - ose vendosni koren e pjekur pikërisht në një tabaka pice.

d) Shkrini gjalpin në një tenxhere të madhe mbi nxehtësinë mesatare. Rrihni miellin derisa të jetë mjaft i qetë.

e) Rrihni qumështin në një rrjedhë të ngadaltë dhe të qëndrueshme. Vazhdoni të përzieni në zjarr derisa të trashet, pothuajse si akullore e shkrirë. Hidhni mustardën dhe barishtet.

f) Hiqeni tiganin nga zjarri dhe përzieni mishin dhe perimet, më pas përzieni salcën Worcestershire, kripë, piper dhe salcë piper të kuq djegës (për shije).

g) Përzieni djathin e grirë derisa gjithçka të jetë uniforme dhe të lyhet me salcë.

h) Përhapeni në mënyrë të barabartë mbi kore, duke lënë një kufi 1/2 inç në buzë.

i) Rrëshqiteni koren nga lëvozhga dhe mbi gur, ose vendoseni byrekun në tepsi ose tepsi në furrë ose mbi pjesën e panxehur të skarës. Piqeni ose grijini me kapak të mbyllur derisa mbushja të flluskojë dhe korja të ketë marrë një kafe të artë dhe të jetë disi e fortë në prekje, rreth 18 minuta.

j) Kontrolloni herë pas here një byrek me brumë të freskët për t'u siguruar që nuk ka flluska ajri në kore që formohen.

k) Rrëshqiteni lëvozhgën përsëri nën kore për të hequr byrekun nga guri ose transferojeni byrekun në tepsi ose tepsi në një raft teli. Lëreni mënjanë të ftohet për 5 minuta përpara se ta prisni në feta. Nëse dëshironi, transferojeni byrekun direkt në raftin e telit pas një minute ose më shumë për ta lënë koren të ftohet pak pa u mbështetur në një sipërfaqe tjetër të nxehtë.

77. Patate, qepë dhe Pica Chutney

Përbërës

- Miell për të gjitha qëllimet për të pluhurosur lëvozhgën e picës ose spërkatjen që nuk ngjit
- 1 brumë i bërë vetë
- 12 ons (3 ⁄4 paund) patate të bardha të ziera
- 6 lugë çatney mango, boronicë ose ndonjë tjetër me bazë frutash
- chutney
- 6 ons Monterey Jack, i grirë
- 3 lugë gjelle kopër të grirë ose 1 lugë gjelle kopër të thatë
- 1 qepë e madhe e ëmbël, si një Vidalia

Drejtimet

a) Brumë i freskët në një gur pice. Lëkurën e picës e pudrosni lehtë me miell. Shtoni brumin dhe formoni një rreth të madh duke e gërmuar me majat e gishtave. Merrni atë, mbajeni buzën e tij dhe rrotullojeni ngadalë, duke e shtrirë gjatë gjithë kohës, derisa të jetë rreth 14 inç në diametër. Vendoseni brumin me anë të miellit poshtë në lëvozhgë.

b) Brumë i freskët në një tabaka pice. Lyejeni tavën ose fletën e pjekjes me llak që nuk ngjit. Vendoseni brumin në qendër të një gropëzimi të brumit me majat e gishtave derisa të jetë një rreth i trashë dhe i rrafshuar—më pas tërhiqeni dhe shtypni brumin derisa të formojë një rreth 14 inç në tabaka ose një drejtkëndësh të parregullt 12 × 7 inç në Flete gatuese.

c) Një kore e pjekur. Vendoseni në një lëvozhgë pice nëse përdorni një gur pice - ose vendosni koren e pjekur në një tabaka pice. Ndërsa furra ose skara nxehet, sillni rreth 1 inç ujë të ziejë në një tenxhere të madhe të pajisur me një avullore perimesh. Shtoni patatet, mbulojeni, zvogëloni nxehtësinë në mesatare dhe ziejini derisa të zbuten kur shpohen me pirun, rreth 10 minuta. Transferoni në një kullesë të vendosur në lavaman dhe ftohuni për 5 minuta, më pas priteni në copa shumë të holla.

d) Përhapeni chutney-n në mënyrë të barabartë mbi koren e përgatitur, duke lënë rreth 1/2 inç në buzë. Spërkateni në mënyrë të barabartë me Monterey Jack të grirë. I vendosim fetat e patateve në mënyrë të barabartë dhe dekorative mbi byrekun, më pas i spërkasim me kopër. Pritini qepën në gjysmë përmes kërcellit të saj. Vendoseni anën e prerë poshtë në dërrasën tuaj prerëse dhe përdorni një thikë shumë të mprehtë për të bërë feta të holla si letra. Ndani këto feta në shiritat e tyre individualë dhe vendosini mbi byrekë.

e) Rrëshqitni byrekun nga lëvozhga te guri shumë i nxehtë, duke u kujdesur që të mbani mbulesat në vend ose vendoseni byrekun në tepsi ose në fletën e pjekjes ose në furrë ose në pjesën e grilës së skarës që nuk është drejtpërdrejt mbi burimin e nxehtësisë.

f) Piqni ose piqni në skarë me kapak të mbyllur derisa korja të jetë skuqur lehtë në buzë, edhe më të errët në pjesën e poshtme të saj, 16 deri në 18 minuta. Nëse lindin ndonjë flluskë ajri në buzë ose në mes të brumit të freskët, grijini ato me një pirun për të krijuar një kore të barabartë.

g) Rrëshqiteni lëvozhgën nën byrekun e nxehtë në gur ose transferojeni byrekun në tepsi ose në fletën e pjekjes në një raft teli. Lëreni mënjanë të ftohet për 5 minuta përpara se ta prisni në feta dhe ta servirni.

78. Pica proshuto dhe rukola

Përbërës

- Miell për të gjitha qëllimet për lëvozhgën e picës ose vaj ulliri për tabakanë e picës
- 1 brumë i bërë vetë
- 1/4 filxhan salcë klasike pica
- Mocarela e freskët 3 ons, e prerë në feta hollë
- 1/2 filxhan gjethe rukole të mbushura, kërcelli të trashë të hequr 2 ons proshuto,
- lugë gjelle uthull balsamike

Drejtimet

a) Brumë i freskët në një gur pice. Pluhuri një lëvozhgë pice me miell, vendoseni brumin në qendër dhe zhytni brumin në një rreth të madh e të rrafshuar me majat e gishtave. Merrni atë dhe formësoni me duar, duke mbajtur buzën, duke e kthyer ngadalë dhe duke e shtrirë derisa të jetë rreth 14 inç në diametër. Vendoseni brumin e formuar me anën e miellit poshtë në lëvozhgë.

b) Brumë i freskët në një tabaka pice. Lyejeni ose lehtë me pak vaj ulliri të lyer në një peshqir letre. Vendoseni brumin në tepsi ose fletën e pjekjes, zbehni brumin me majat e gishtave—më pas tërhiqeni dhe shtypeni derisa të formojë një rreth 14 inç në tepsi ose një drejtkëndësh 12 × 7 inç mjaft të parregullt në fletën e pjekjes.

c) Vendoseni në një lëvozhgë pice të lyer me miell nëse përdorni një gur pice - ose vendosni koren e pjekur në një tabaka pice. Përhapeni salcën e picës në mënyrë të barabartë mbi kore, duke lënë një kufi prej 1/2 inç në buzë. Vendosini fetat e mocarelës në mënyrë të barabartë mbi byrekë, duke e mbajtur atë kufi të pastër.

d) Shtroni gjethet e rukolës sipër byrekut, më pas vendosni sipër shiritat e proshutës. Rrëshqiteni picën nga lëvozhga në gurin e nxehtë ose vendoseni byrekun në tepsi ose në tepsi me picën ose në furrë ose në pjesën e grilës që nuk është drejtpërdrejt mbi burimin e nxehtësisë.

e) Piqni ose piqni në skarë me kapak të mbyllur derisa korja të jetë e artë si dhe paksa e fortë dhe djathi të jetë shkrirë, 14 deri në 16 minuta. Nëse punoni me brumë të freskët, kontrolloni atë gjatë 10 minutave të para në mënyrë që të mund të hapni çdo flluskë që mund të lindë, veçanërisht në buzë. Rrëshqiteni lëvozhgën nën byrekun e nxehtë për ta hequr nga guri ose transferojeni byrekun në tepsi ose tepsi në një raft teli. E lyejmë byrekun me uthull balsamike dhe më pas e lëmë të ftohet për 5 minuta përpara se ta presim në feta.

79. Pica Ruben

Përbërës

- Ose miell për të gjitha përdorimet për lëvozhgën ose spërkatës që nuk ngjit për tepsin e picës ose fletën e pjekjes
- 1 brumë i bërë vetë
- 3 lugë gjelle mustardë
- 1 filxhan lakër turshi të kulluar
- 6 ons zvicerane, Emmental, Jarlsberg ose Jarlsberg Light, të copëtuara
- 4 oce mish viçi të zier, të prerë në feta të trasha dhe të copëtuara

Drejtimet

a) Brumë i freskët në një gur pice. Pluhuroni një lëvozhgë pice me miell, vendoseni brumin në qendër. Formoni brumin në një rreth të madh duke e gërmuar me majat e gishtave.

b) Merrni atë dhe formësoni me duar, duke mbajtur buzën e tij, duke e kthyer ngadalë brumin dhe duke shtrirë butësisht buzën e tij derisa të jetë rreth 14 inç në diametër. E vendosim të lyer me miell poshtë në lëvozhgë.

c) Brumë i freskët në një tabaka pice. Lyejeni secilën prej tyre me llak që nuk ngjit. Vendoseni brumin në qendër të secilit prej tyre dhe zvogëloni brumin me majat e gishtave derisa të jetë një rreth i trashë dhe i rrafshuar - më pas tërhiqeni dhe shtypni brumin derisa të formojë një rreth 14 inç në tabaka e picës ose një drejtkëndësh të parregullt 12 × 7 inç në fletën e pjekjes.

d) Një kore e pjekur. Vendoseni atë në një lëvozhgë pice nëse përdorni një gur pice - ose vendosni koren e pjekur pikërisht në një tabaka pice.

e) Përhapeni mustardën në mënyrë të barabartë mbi koren e përgatitur, duke lënë një kufi prej 1/2 inç në buzë. Përhapeni lakër turshi në mënyrë të barabartë mbi mustardën.

f) Mbi byrekun hidhet djathi i grire dhe me pas mishi i grire i grire. Rrëshqitni me kujdes picën nga lëvozhga te guri i ndezur ose vendoseni byrekun në tepsi ose tepsi në furrë ose mbi pjesën e grilës së grilës, jo drejtpërdrejt mbi nxehtësinë ose thëngjillin.

g) Piqeni ose grijini me kapak të mbyllur derisa korja të jetë forcuar dhe marrë ngjyrë e artë dhe derisa djathi të jetë shkrirë dhe skuqur pak, 16 deri në 18 minuta. Nëse mbi brumin e freskët lindin ndonjë flluskë ajri, veçanërisht në skajin e tij, grijini ato për një kore të barabartë. Rrëshqiteni lëvozhgën nën picë, duke u kujdesur që të mos e hiqni pjesën e sipërme, të hiqni byrekun nga guri i nxehtë ose ta transferoni byrekun në tepsi ose tepsi në një raft teli. Lëreni mënjanë të ftohet për 5 minuta përpara se ta prisni në feta dhe ta servirni.

80. Pica me rrënjë të pjekura

Përbërës

- Miell për të gjitha qëllimet për pluhurosjen e lëvozhgës së picës ose vaj ulliri për lyerjen e tepsisë së picës
- 1 brumë i bërë vetë
- 1/2 kokë hudhër të madhe
- 1/2 patate të ëmbla të vogla, të qëruara, të përgjysmuara për së gjati dhe të prera hollë
- 1/2 llambë e vogël kopër, e përgjysmuar, e prerë dhe e prerë hollë
- 1/2 majdanoz të vegjël, të qëruar, të përgjysmuar për së gjati dhe të prera hollë
- 1 luge vaj ulliri
- 1/2 lugë çaji kripë
- 4 ons (1/4 paund) mocarela, e grirë
- 1 ons Parmigiana, e grirë imët
- 1 lugë gjelle uthull balsamike me shurup

Drejtimet

a) Brumë i freskët në një gur pice. Lëkurën e picës e pudrosni lehtë me miell. Shtoni brumin dhe formoni një rreth të madh duke e gërmuar me majat e gishtave. Merrni atë, mbajeni nga buza e tij me të dyja duart dhe rrotullojeni ngadalë, duke e shtrirë pak buzën çdo herë, derisa rrethi të jetë rreth 14 inç në diametër. Vendoseni anën e lyer me miell poshtë në lëvozhgë.

b) Brumë i freskët në një tabaka pice. Lyejeni tavën ose fletën e pjekjes me pak vaj ulliri të lyer në një peshqir letre. Vendoseni brumin në qendër të një gropëzimi të brumit me majat e gishtave—më pas tërhiqeni dhe shtypeni derisa të formojë një rreth 14 inç në tepsi ose një drejtkëndësh të parregullt, rreth 12 × 7 inç, në fletën e pjekjes.

c) Një kore e pjekur. Vendoseni në një lëvozhgë pice të lyer me miell nëse përdorni një gur pice - ose vendosni koren e pjekur pikërisht në një tabaka pice.

d) Mbështillini thelpinjtë e hudhrës së paqëruar në një pako të vogël letre alumini dhe piqini ose piqini në skarë direkt mbi nxehtësi për 40 minuta.

e) Ndërkohë, hidhni pataten e ëmbël, kopër dhe majdanoz në një tas të madh me vaj ulliri dhe kripë. Derdhni përmbajtjen e tasit në një fletë të madhe pjekjeje. Vendoseni në furrë ose mbi pjesën e panxehur të skarës dhe piqini, duke e kthyer herë pas here, derisa të jetë e butë dhe e ëmbël, për 15 deri në 20 minuta.

f) Transferoni hudhrën në një dërrasë prerëse hapni paketën, duke pasur parasysh avullin. Gjithashtu vendoseni fletën e pjekjes me perimet mënjanë në një raft teli.

g) Rriteni temperaturën e furrës ose të skarës me gaz në 450°F, ose shtoni disa qymyr të tjerë në skarën me qymyr për të rritur pak nxehtësinë.

h) Përhapeni mocarelën e copëtuar mbi koren e përgatitur, duke lënë një kufi prej 1/2 inç në buzë. Mbi djathin me të gjitha perimet shtrydhni hudhrën e butë dhe të butë nga lëvozhga e saj me letër dhe mbi byrekë. Hidhni sipër parmigianën e grirë.

i) Rrëshqitni picën nga lëvozhga te guri i nxehtë ose vendoseni picën në tepsi ose tepsi ose në furrë ose mbi pjesën e panxehur të skarës. Piqeni ose grijini me kapak të mbyllur derisa korja të ketë marrë ngjyrë kafe të artë dhe madje të errësohet pak në fund të saj, derisa djathi të shkrihet dhe të fillojë të skuqet, 16 deri në minuta. Brumi i freskët mund të krijojë disa flluska ajri gjatë 10 minutave të para; veçanërisht në skajin e saj, i nxirrni me një pirun për të siguruar një kore të barabartë.

j) Rrëshqiteni lëvozhgën përsëri nën kore për ta hequr nga guri i nxehtë ose transferojeni picën në tepsi ose tepsi në një raft teli. Lëreni mënjanë për 5 minuta. Për ta mbajtur koren krokante, mund të dëshironi ta transferoni byrekun nga lëvozhga, tabaka ose fleta e miellit drejt e në raftin e telit për t'u ftohur pas një minute apo më shumë. Pasi të jetë ftohur pak, spërkatni byrekun me uthull balsamike dhe më pas priteni në copa për ta shërbyer.

MAKARONA

81. Makarona Penne

Serbimet: 8

Përbërësit:

- 1 (16 oz.) pako makarona penne
- 2 (14,5 oz.) kanaçe domate të prera në kubikë
- 2 luge vaj ulliri
- 1 £ karkaleca, të qëruar dhe të deveinuar
- 1/4 C. qepë e kuqe e prerë në kubikë
- 1 C. djathë parmixhano i grirë
- 1 lugë hudhër të prerë në kubikë
- 1/4 C. verë e bardhë

Drejtimet:

a) Ziejini makaronat në ujë dhe kripë për 9 minuta dhe më pas hiqni lëngjet.
b) Tani filloni të përzieni hudhrat dhe qepët tuaja në vaj derisa qepët të jenë të buta.
c) Më pas shtoni domatet dhe verën.
d) Ziejeni përzierjen për 12 minuta duke e përzier. Më pas shtoni karkalecat dhe gatuajeni gjithçka për 6 minuta.
e) Tani shtoni makaronat dhe përzieni gjithçka që të mbulohen në mënyrë të barabartë petët.

82. Parmixhano Orzo

Serbimet: 6

Përbërësit:

- 1/2 C. gjalpë i ndarë
- hudhër pluhur për shije
- 8 qepë perla
- kripë dhe piper për shije
- 1 C. makarona orzo të papjekura
- 1/2 C. djathë parmixhano i grirë
- 1/2 C. kërpudha të freskëta të prera në feta
- 1/4 C. majdanoz i freskët
- 1 C. ujë
- 1/2 C. verë e bardhë

Drejtimet:

a) Skuqini qepët tuaja në gjysmën e gjalpit derisa të skuqet dhe shtoni pjesën tjetër të gjalpit, kërpudhat dhe orzo.
b) Vazhdoni të skuqni gjithçka për 7 minuta.
c) Tani përzieni verën dhe ujin dhe merrni gjithçka të ziejë.
d) Pasi përzierja të vlojë, uleni zjarrin dhe gatuajeni gjithçka për 9 minuta pasi shtoni piper, kripë dhe hudhër pluhur.
e) Pasi orzoja të jetë bërë e lyejmë me majdanoz dhe parmixhan.
f) Kënaquni.

83. Pasta Rustica

Serbimet: 4

Përbërësit:

- 1 £ farfalle (papijon) makarona
- 1 (8 oz.) paketë kërpudha, të prera në feta
- 1/3 C. vaj ulliri
- 1 lugë gjelle rigon të tharë
- 1 thelpi hudhër, e prerë
- 1 lugë gjelle paprika
- 1/4 C. gjalpë
- kripë dhe piper për shije
- 2 kunguj të njomë të vegjël, të prerë në katër pjesë dhe në feta
- 1 qepë, e grirë
- 1 domate, e prerë

Drejtimet:

a) Ziejini makaronat tuaja për 10 minuta në ujë dhe kripë. Hiqni lëngun e tepërt dhe lëreni mënjanë.
b) Skuqini kripën, piperin, hudhrën, paprikën, kungull i njomë, rigon, kërpudhat, qepën dhe domaten për 17 minuta në vaj ulliri.
c) Përzieni perimet dhe makaronat.
d) Kënaquni.

84. Alfredo klasik

Serbimet: 8

Përbërësit:

- 6 gjysma gjoksi pule pa lëkurë dhe pa kocka
- 3/4 lugë çaji piper të bardhë të bluar
- 3 C. qumësht
- 6 lugë gjalpë të ndarë
- 1 C. gjysmë e gjysmë
- 4 thelpinj hudhra, te grira, te ndara
- 3/4 C. djathë parmixhano i grirë
- 1 lugë erëza italiane
- 8 oz. djathë Monterey Jack i grirë
- 1 paund makarona fettuccini
- 3 domate rome (kumbulla), të prera në kubikë
- 1 qepë e prerë në kubikë
- 1/2 C. salcë kosi
- 1 (8 oz.) paketë kërpudha të prera në feta
- 1/3 C. miell për të gjitha përdorimet
- 1 lugë gjelle kripë

Drejtimet:

a) Përziejeni pulën tuaj pasi e lyeni me erëza italiane me 2 lugë gjalpë me 2 copë hudhër.
b) E trazojmë mishin derisa të jetë gati plotësisht dhe më pas vendosim të gjitha anash.
c) Tani ziejini makaronat tuaja në ujë dhe kripë për 9 minuta dhe më pas hiqni të gjitha lëngjet.
d) Në të njëjtën kohë skuqni qepët tuaja në 4 lugë gjalpë së bashku me kërpudhat dhe 2 pjesë të tjera hudhër.
e) Vazhdoni të skuqni përzierjen derisa qepët të jenë të dukshme dhe më pas përzieni me piper, kripë dhe miell.
f) Përzieni dhe gatuajeni përzierjen për 4 minuta. Më pas shtoni gradualisht gjysmën dhe gjysmën tuaj dhe qumështin duke e trazuar derisa gjithçka të jetë e qetë.
g) Përziejini në Monterey dhe parmixhanin dhe lëreni përzierjen të gatuhet derisa djathi të shkrihet, më pas shtoni pulën, kosin dhe domatet.
h) Shërbejini makaronat tuaja të mbushura me bollëk me përzierjen e pulës dhe salcën.
i) Kënaquni.

85. Parmigiana italiane

Serbimet: 2

Përbërësit:

- 1 vezë e rrahur
- 2 oz. djathë mocarela e grirë
- 2 oz. thërrime buke të thata
- 1/4 C. djathë parmixhano i grirë
- 2 gjoks pule pa lëkurë dhe pa kocka
- gjysmave
- 3/4 (16 oz.) kavanoz salcë spageti

Drejtimet:

a) Lyejeni një fletë biskotash me vaj dhe më pas vendosni furrën tuaj në 350 gradë përpara se të bëni ndonjë gjë tjetër.
b) Merrni një tas dhe shtoni vezët tuaja.
c) Merrni një tas të dytë dhe shtoni thërrimet e bukës.
d) Lyejeni pulën tuaj fillimisht me vezë dhe më pas me thërrimet e bukës.
e) Vendosni copat tuaja të pulës në fletën e biskotave dhe gatuajeni në furrë për 45 minuta, derisa të jenë gati plotësisht.
f) Tani shtoni gjysmën e salcës suaj të makaronave në një tavë dhe vendosni pulën tuaj sipër salcës.
g) Mbi copat e pulës vendosni pjesën tjetër të salcës. Më pas shtoni sipër të gjitha parmixhano dhe mocarela.
h) Gatuani parmigianën në furrë për 25 minuta.
i) Kënaquni.

86. Makarona Tuna

Serbimet: 4

Përbërësit:

- 2 luge vaj ulliri
- 1 (7 oz.) kanaçe ton i mbushur me vaj, i kulluar
- 1 fileto açuge
- 1/4 C. majdanoz i freskët me gjethe të prera në kubikë
- 2 lugë gjelle kaperi
- 1 (12 oz.) pako spageti
- 3 thelpinj hudhra te grira
- 1 lugë gjelle vaj ulliri ekstra të virgjër, ose sipas shijes
- 1/2 C. verë e bardhë e thatë
- 1/4 C. Parmigiano-Reggiano i sapo grirë
- 1/4 lugë çaji rigon të tharë
- djathë, ose për shije
- 1 majë piper i kuq, ose për shije
- 1 lugë majdanoz të freskët me gjethe të prera në kubikë, ose për shije 3 C. domate italiane (kumbulla) të grimcuara
- kripë dhe piper i zi i bluar për shije
- 1 majë piper kajen, ose për shije

Drejtimet:

a) Skuqni kaperin dhe açugat tuaja në vaj ulliri për 4 minuta, më pas përzieni me hudhrën dhe vazhdoni ta skuqni përzierjen për 2 minuta të tjera.
b) Tani shtoni: thekon piper, verë të bardhë dhe portokall.
c) Përziejeni përzierjen dhe rrisni zjarrin.
d) Lëreni përzierjen të gatuhet për 5 minuta përpara se të shtoni domatet dhe të ziejë lehtë.
e) Pasi përzierja të ziejë shtoni: kajen, piper të zi dhe kripë.
f) Uleni nxehtësinë në minimum dhe lëreni gjithçka të gatuhet për 12 minuta.
g) Tani filloni të zieni makaronat tuaja në ujë dhe kripë për 10 minuta, më pas hiqni të gjitha lëngjet dhe lërini petët në tigan.
h) Bashkojmë domatet që ziejnë me petët dhe vendosim tenxheren me kapak. Me një nivel të ulët nxehtësie ngrohni gjithçka për 4 minuta.
i) Kur i shërbeni makaronave, ato me pak Parmigiano-Reggiano, majdanoz dhe vaj ulliri.

87. Pulë nga Milano

Serbimet: 4

Përbërësit:

- 1 lugë gjelle gjalpë
- kripë dhe piper për shije
- 2 thelpinj hudhre, te grira
- 2 lugë vaj vegjetal
- 1/2 C. domate të thara, të prera në kubikë
- 2 lugë borzilok të freskët të prerë në kubikë
- 1 C. lëng pule, i ndarë
- 8 oz. makarona të thata fetuccini
- 1 C. krem i trashë
- 1 paund gjoks pule pa lëkurë dhe pa kocka
- Gjysmave

Drejtimet:

a) Lyejeni një fletë biskotash me vaj dhe më pas vendosni furrën tuaj në 350 gradë përpara se të bëni ndonjë gjë tjetër.
b) Skuqini hudhrat tuaja për 1 minutë në gjalpë, më pas përzieni në 3/4 C. lëng mishi dhe domatet.
c) Ngrini nxehtësinë dhe ziej gjithçka.
d) Pasi përzierja të vlojë, uleni nxehtësinë dhe lëreni të gatuhet për 12 minuta.

e) Tani shtoni kremin dhe vloni përsëri derisa përzierja të jetë e trashë.
f) Lyejeni mishin e pulës me piper dhe kripë dhe më pas skuqeni mishin në vaj të nxehtë për 5 minuta nga secila anë derisa të jetë gati plotësisht. Më pas vendoseni pulën anash në një tas të mbuluar.
g) Hiqni disa nga pikimet nga tigani dhe filloni të merrni 1/4 C. lëng mishi duke vluar ndërsa kruani copat e poshtme.
h) Pasi përzierja të vlojë, uleni zjarrin, shtoni borzilokun dhe lëreni lëngun të zvogëlohet pak.
i) Pasi të jetë reduktuar e bashkojmë me salcën e kremit të domates.
j) Tani filloni të zieni makaronat tuaja në ujë dhe kripë për 9 minuta, më pas hiqni lëngun dhe vendosni gjithçka në një tas. I trazojmë makaronat me rreth 5 lugë salcë kremi me domate.
k) Tani priteni pulën tuaj në rripa dhe nxeheni përsëri domaten. Ndani petët tuaja midis pjatave për servirje. Hidhni sipër petëve me pak pulë dhe më pas pak salcë.
l) Kënaquni.

88. Lazanja klasike

Serbimet: 8

Përbërësit:

- 1 1/2 paund. mish viçi i grirë pa dhjamë
- 2 vezë, të rrahura
- 1 qepë e prerë në kubikë
- 1 linte djathë rikota me një pjesë të skremuar
- 2 thelpinj hudhre, te grira
- 1/2 C. djathë parmixhano i grirë
- 1 lugë gjelle borzilok të freskët të prerë në kubikë
- 2 lugë majdanoz të thatë
- 1 lugë çaji rigon të thatë
- 1 lugë çaji kripë
- 2 lugë sheqer kaf
- 1 paund djathë mocarela, i grirë
- 1 1/2 lugë çaji kripë
- 2 lugë djathë parmixhano të grirë
- 1 (29 oz.) kanaçe domate të prera në kubikë
- 2 (6 oz.) kanaçe pastë domate
- 12 petë lazanja të thata

Drejtimet:

a) Përziejini hudhrat, qepët dhe mishin e viçit për 3 minuta dhe më pas përzieni: pastën e domates, borzilokun, domatet e prera në kubikë, rigonin, 1,5 lugë çaji kripë dhe sheqerin kaf.
b) Tani vendosni furrën tuaj në 375 gradë përpara se të bëni ndonjë gjë tjetër.
c) Filloni të zieni makaronat në ujë dhe kripë për 9 minuta dhe më pas hiqni të gjitha lëngjet.
d) Merrni një tas, kombinoni: 1 lugë çaji kripë, vezë, majdanoz, rikota dhe parmixhan.
e) Vendosni një të tretën e makaronave në një tavë dhe sipër gjithçkaje me gjysmën e përzierjes së djathit, një të tretën e salcës dhe 1/2 e mocarelës.
f) Vazhdoni shtresimin në këtë mënyrë.
g) Më pas mbi të gjitha shtoni pak më shumë parmixhan.
h) Gatuani lazanjat në furrë për 35 minuta.
i) Kënaquni.

89. Makarona argëtuese romake

Serbimet: 6

Përbërësit:

- 1 (12 oz.) pako makarona me papion
- 1 (28 oz.) kanaçe kumbulle e stilit italian
- 2 luge vaj ulliri
- domate të kulluara dhe të prera në kubikë të trashë
- 1 paund sallam i ëmbël italian, zorrë
- 1 1/2 C. krem i trashë
- u hoq dhe u shkërmoq
- 1/2 lugë çaji kripë
- 1/2 lugë çaji thekon piper të kuq
- 3 lugë majdanoz të freskët të grirë
- 1/2 C. qepë e prerë në kubikë
- 3 thelpinj hudhre, te grira

Drejtimet:

a) Ziejini makaronat në ujë dhe kripë për 9 minuta dhe më pas hiqni lëngjet.
b) Filloni të përzieni në vaj specat dhe salsiçen, derisa mishi të skuqet, më pas shtoni hudhrat dhe qepët.
c) Lërini qepët të ziejnë derisa të zbuten, më pas shtoni kripën, ajkën dhe domatet.
d) Përziejeni përzierjen dhe më pas merrni gjithçka të vlojë butësisht.
e) Lëreni përzierjen të gatuhet lehtë me një temperaturë të ulët për 9 minuta dhe më pas shtoni makaronat.
f) E trazojmë përzierjen që të gatuhen në mënyrë të barabartë petët, më pas lyejmë gjithçka me majdanoz.
g) Kënaquni.

90. Tortellini Classico

Serbimet: 8

Përbërësit:

- 1 paund sallam i ëmbël italian, zorrët e hequra
- 1/2 lugë çaji rigon të tharë
- 1 C. qepë e prerë në kubikë
- 1 (8 oz.) kanaçe salcë domatesh
- 2 thelpinj hudhre, te grira
- 1 1/2 C. kungull i njomë i prerë në feta
- 5 C. lëng mishi
- 8 oz. makarona të freskëta tortelini
- 1/2 C. ujë
- 3 lugë majdanoz të freskët të prerë në kubikë
- 1/2 C. verë e kuqe
- 4 domate të mëdha - të qëruara, me fara dhe
- i prerë në kubikë
- 1 C. karota të prera hollë
- 1/2 lugë gjelle gjethe të freskëta të borzilokut të paketuara

Drejtimet:

a) Në një tenxhere të madhe skuqni salsiçen në të gjithë.
b) Më pas hiqeni mishin nga tigani.
c) Filloni të përzieni hudhrat dhe qepët tuaja në pikime dhe më pas shtoni: sallamin, lëngun, salcën e domates, ujin, rigonin, verën, borzilokun, domatet dhe karotat.
d) Lëreni përzierjen të ziejë, uleni zjarrin dhe lëreni gjithçka të gatuhet për 35 minuta.
e) Hiqni çdo yndyrë që ngrihet lart dhe shtoni majdanozin dhe kungull i njomë.
f) Vazhdoni të gatuani përzierjen për 20 minuta të tjera përpara se të shtoni makaronat dhe të lini gjithçka të gatuhet edhe 15 minuta të tjera.
g) Kur e servirim sipër pjatën, atë me parmixhan.
h) Kënaquni.

91. Lasagna me pepperoni

Serbimet: 12

Përbërësit:

- 3/4 paund mish viçi të bluar
- 1/4 lugë çaji piper i zi i bluar
- 1/2 lb sallam, i copëtuar
- 9 petë lazanja
- 1/2 £ sallam me peperoni, të copëtuar
- 4 C. djathë mocarela e grirë
- 1 qepë, e grirë
- 2 C. gjizë
- 2 (14,5 oz.) kanaçe domate të ziera
- 9 feta djathë të bardhë amerikan
- 16 oz. salce domatesh
- djathë parmixhano i grirë
- 6 oz. paste domate
- 1 lugë çaji pluhur hudhër
- 1 lugë çaji rigon të thatë
- 1/2 lugë çaji kripë

Drejtimet:

a) Skuqini specat, viçin, qepët dhe sallamin tuaj për 10 minuta. Hiqni vajin e tepërt. Futni gjithçka në tenxheren tuaj të ngadaltë me pak piper, salcë dhe pastë domate, kripë, domate të ziera, rigon dhe hudhër pluhur për 2 orë.
b) Ndezni furrën tuaj në 350 gradë përpara se të vazhdoni.
c) Ziejini lazanjat në ujë të kripur derisa të jenë al dente për 10 minuta, më pas hiqni të gjithë ujin.
d) Në enën tuaj të pjekjes, aplikoni një mbulesë të lehtë me salcë dhe më pas shtroni: 1/3 petë, 1 1/4 C.
e) mocarela, 2/3 C. gjizë, feta djathi amerikan, 4 lugë çaji parmixhano, 1/3 mish.
f) Vazhdoni derisa gjella të mbushet.
g) Gatuani për 30 minuta.
h) Kënaquni.

92. Lazanja spanjolle

Serbimet: 12

Përbërësit:

- 4 gota domate të grira të konservuara
- 1 (32 oz.) enë djathë rikota
- 1 (7 oz.) kanaçe djegës jeshil të prerë në kubikë
- 4 vezë të rrahura lehtë
- 1 (4 oz.) speca jalapeno të prera në kubikë
- 1 pako (16 oz.) e grirë në stil meksikan
- djathë
- 3 thelpinj hudhre, te grira
- 1 (8 oz.) pako petë lazanja pa gatuar
- 10 degë cilantro të freskët, të copëtuara
- 2 lugë qimnon të bluar
- 2 paund. sallam chorizo

Drejtimet:

a) Ziejini këto për 2 minuta, më pas ziejini në zjarr të ulët për 55 minuta: cilantro, domate, qimnon, djegës të gjelbër, hudhër, qepë dhe jalapenos.
b) Merrni një tas, përzieni: vezët e rrahura dhe rikotën.
c) Vendoseni furrën tuaj në 350 gradë përpara se të vazhdoni.
d) Skuqni chorizot tuaja. Më pas hiqni vajin e tepërt dhe grijeni mishin.
e) Në enën tuaj të pjekjes, aplikoni një mbulesë të lehtë me salcë dhe më pas vendosni: sallam, 1/2 e salcës suaj, 1/2 djathë të grirë, petë lazanja, rikota, më shumë petë, të gjithë salcën e mbetur dhe më shumë djathë të grirë.
f) Lyejeni pak petë me llak që nuk ngjit dhe mbuloni lazanjat. Gatuani për 30 minuta të mbuluar, dhe 15 minuta pa kapak.
g) Kënaquni.

MBUSHJE/MBUSHJE PIZZA & MAKARNANË

93. Mbushje me domate, parmixhan dhe barishte

Mjafton për 1 fokaçe

1 filxhan salcë domate të grimcuar

$\frac{3}{4}$ paund Parmigiano-Reggiano, i grirë trashë

Një majë rigon të tharë, mundësisht të egër, ose disa gjethe të freskëta borziloku

Vaj ulliri ekstra i virgjër, për spërkatje

Hidhni me lugë salcën e domates mbi brumë, duke përdorur pjesën e pasme të lugës për ta përhapur në mënyrë të barabartë dhe duke lënë një kufi prej 1 inç përreth. Shpërndani Parmigiano-n e grirë në mënyrë të barabartë mbi salcën e domates dhe më pas spërkatni mbi rigon, duke e shtypur me gishta për të lëshuar gjithë atë aromë marramendëse. Përfundoni me disa qerpikë të mirë vaj ulliri.

Tavën e kalojmë në furrë dhe e pjekim për 15 minuta. Rrotulloni tavën përpara pas mbrapa dhe piqeni për rreth 15 minuta të tjera, derisa fokacia të marrë ngjyrë kafe të artë. E heqim nga tigani, e kalojmë në një raft teli dhe e ftojmë për të paktën 10 minuta. Pritini në katrorë dhe shërbejeni të ngrohtë.

94. Mbushje me fiku, qepë të kuqe, pekorino dhe trumzë

Mjafton për 1 fokaçe

1 filxhan reçel fiku

Rreth 2 lugë ujë

2 qepë të kuqe, të prera hollë në rrathë

$\frac{1}{4}$ paund pecorino i ri ose Manchego, i rruar

Gjethet nga 3 degëza trumze

Gjethet nga 1 ose 2 degë rozmarine

Kripë deti dhe piper i zi i sapo bluar

Vaj ulliri ekstra i virgjër, për spërkatje

E bashkojmë reçelin me 2 lugë ujë në një tenxhere të vogël dhe e ngrohim në zjarr të ngadaltë duke e trazuar derisa reçeli të marrë konsistencën e mjaltit, duke shtuar edhe pak ujë nëse nevojitet. Hiqeni nga zjarri.

Hidhni reçelin me lugë mbi brumë, duke përdorur pjesën e pasme të lugës për ta përhapur në mënyrë të barabartë dhe duke lënë një kufi prej 1 inç përreth. Shpërndani qepët në mënyrë të barabartë mbi reçelin, më pas ndiqni me pekorinon. Spërkatni barishtet sipër. Spërkateni me kripë dhe piper dhe përfundoni me disa qerpikë të mirë vaj ulliri.

Tavën e kalojmë në furrë dhe e pjekim për 15 minuta. Rrotulloni tavën përpara pas mbrapa dhe piqeni për rreth 15 minuta të tjera, derisa fokacia të marrë ngjyrë kafe të artë. E heqim nga tigani, e kalojmë në një raft teli dhe e ftojmë për të paktën 10 minuta. Pritini në katrorë dhe shërbejeni të ngrohtë.

95. Mbushje me limon, pekorino dhe qepë të kuqe

Mjafton për 1 fokaçe

$\frac{1}{2}$ kile pecorino i ri ose Manchego, i rruar hollë

2 limonë, të prerë në copa të holla si letra dhe hiqen farat

$\frac{1}{2}$ qepë e kuqe, e prerë shumë hollë në rrathë

Gjethet nga 1 degë rozmarine

$\frac{1}{4}$ lugë çaji kripë deti të imët

Vaj ulliri ekstra i virgjër, për spërkatje

Shpërndani pekorinon mbi brumë, duke lënë një kufi 1 inç përreth. Vendosini fetat e limonit në mënyrë të barabartë mbi pecorino dhe ndiqni me fetat e qepës. Spërkateni rozmarinën sipër dhe e rregulloni me kripë. Përfundoni me disa qerpikë të mirë vaj ulliri.

Tavën e kalojmë në furrë dhe e pjekim për 15 minuta. Rrotulloni tavën përpara pas mbrapa dhe piqeni për rreth 15 minuta të tjera, derisa limonët dhe brumi të marrin ngjyrë kafe të artë. Hiqeni fokacën nga tigani, transferojeni në një raft teli dhe ftohuni për të paktën 10 minuta. Pritini në katrorë dhe shërbejeni të ngrohtë.

96. Mbushje me rikotë me spinaq

Përbërësit:

- 1 paund Spinaq
- 1 vezë
- 1 lugë kripë
- 2 lugë krem i rëndë
- 1 paund djathë Ricotta
- 4 lugë gjelle Parmigiano Reggiano të grira
- $\frac{1}{4}$ lugë çaji Arrëmyshk me pak piper të zi

Drejtimet:

a) Në një tenxhere me ujë të vluar kaurdisim spinaqin me gjysmën e kripës derisa të zbutet.

b) Hiqeni spinaqin nga uji i vluar dhe lëreni të ftohet për 2-3 minuta.

c) Shtrydhni ujin nga spinaqi dhe grijeni përafërsisht.

d) Në një tas, kombinoni spinaqin e copëtuar, djathin ricotta, vezën, kremin e trashë dhe 4 lugë gjelle Parmigiano Reggiano. I rregullojmë me arrëmyshk, kripën e mbetur dhe piper të zi.

97. Gjalpë kafe e sherebelës

Përbërësit:

- $\frac{1}{4}$ £ Gjalpë
- 1 qepe e vogël, e grirë
- 1 lugë sherebelë e grirë
- 1 thelpi hudhër, e grirë

Drejtimet:

a) Për të bërë salcën, shkrini gjalpin në një tenxhere me salcë. Gatuani ngadalë derisa gjalpi të marrë një ngjyrë të artë.

b) Hiqeni tiganin nga zjarri dhe shtoni shpejt të gjithë përbërësit e mbetur.

c) Përziejini për t'u përfshirë dhe shërbejini me ravioli.

98. Mbushje me kungulleshka te pjekura

Përbërësit:

- 2 £ Kungull me arra, të përgjysmuar nga gjatësia dhe me fara
- ¼ qepë mesatare, e grirë
- 1 lugë Sherebelë, e prerë
- 1 lugë gjelle gjalpë pa kripë
- ¼ filxhan krem i trashë
- 1 thelpi hudhër, e grirë

Drejtimet:

a) Ngroheni furrën në 400 gradë. Në një tepsi lyejmë kungullin me gjalpë dhe i vendosim në tepsi në furrë. Gatuani derisa të zbutet piruni.

b) Hiqni kungujt dhe vendosini në një tenxhere me qepën, sherebelën, hudhrën, ajkën e trashë dhe kungullin e pjekur.

c) Lëreni të ziejë dhe zvogëloni zierjen. Gatuani për 5 minuta derisa të trashet.

99. Mbushje Scampi me karkaleca

Përbërësit:

- 5 lugë gjelle gjalpë
- 2 luge vaj ulliri
- ½ qepë e tërë mesatare, e prerë në kubikë të imët
- 4 thelpinj Hudhra, të grira
- Karkaleca të mëdha prej 1 kile, të qëruara dhe të grira
- ½ filxhan verë të bardhë
- 4 pika Salcë e nxehtë
- 2 Limonë të plotë, të lëngshëm
- Kripë dhe piper i zi i freskët i bluar, për shije
- 8 ons, pesha e makaronave të flokëve me engjëll
- Borziloku i freskët i copëtuar për shije
- Majdanoz i freskët i copëtuar, për shije
- ½ filxhan djathë parmixhano të freskët të grirë

Drejtimet:

a) Ngrohni vajin e ullirit dhe shkrini gjalpin në një tigan të madh mbi nxehtësinë mesatare. Shtoni qepët

b) & hudhrat dhe gatuajeni për dy ose tre minuta, ose derisa qepët të jenë të tejdukshme. Shtoni karkaleca, më pas përzieni dhe gatuajeni për disa minuta. Shtrydhni në lëng limoni. Shtoni verën, gjalpin, kripën dhe piperin dhe salcën e nxehtë. Mund të shtoni më shumë salcë të nxehtë sipas dëshirës. Përziejini dhe zvogëloni nxehtësinë në minimum.

c) Hidhni makaronat e flokëve të engjëjve në ujin e vluar. Gatuani derisa sapo të jetë bërë/AL dente.

d) Kullojini, duke rezervuar një filxhan ose dy nga uji i makaronave.

e) Hiqeni tiganin nga zjarri. Shtoni makaronat dhe hidhini, duke shtuar një spërkatje me ujë makarona nëse duhet të hollohen. Shijoni për erëza, duke shtuar kripë dhe piper nëse është e nevojshme.

f) Hidheni në një pjatë të madhe servirjeje dhe më pas shtoni djathë parmixhano të sapo grirë dhe majdanoz të grirë. Shërbejeni menjëherë. Kënaquni.

100. Pesto klasike borziloku

Përbërësit:

- 3 thelpinj hudhra, qërohen
- $\frac{1}{4}$ filxhan arra pishe
- 2 gota gjethe borziloku të freskët
- 2 lugë gjelle gjethe të freskëta majdanoz, sipas dëshirës
- 7 lugë vaj ulliri ekstra i virgjër
- kripë
- piper i zi i sapo bluar
- $\frac{1}{4}$ filxhan djathë romak parmixhan i grirë imët ose pecorino

Drejtimet:

a) Skuqeni hudhrat në një tigan mesatar mbi nxehtësinë mesatare, duke tundur herë pas here tiganin, derisa të zbuten dhe të marrin ngjyrë kafe, rreth 8 minuta.

b) Kur të ftohet mjaftueshëm për t'u trajtuar, hiqeni dhe hidhni lëkurat. Ndërsa hudhra ftohet, thekni arrat në tigan mbi nxehtësinë mesatare, duke i përzier shpesh, derisa të marrin ngjyrë të artë dhe aromatik, për 4 deri në 5 minuta.

c) Vendoseni borzilokun dhe majdanozin, nëse përdorni, në një qese me zinxhir me madhësi gallon. Qese me paund me anën e sheshtë të një mavijeje mishi ose me një gjilpërë derisa të gjitha gjethet të jenë mavijosur.

d) Përpunoni hudhrën, arrat, barishtet, vajin dhe rreth $\frac{1}{2}$ lugë çaji kripë në një përpunues ushqimi derisa të jenë të lëmuara, duke gërvishtur tasin sipas nevojës.

e) Transferoni përzierjen në një tas të vogël, përzieni djathin dhe rregulloni me kripë dhe piper për shije. (Pestoja mund të ruhet në frigorifer deri në 3 ditë në një tas me mbështjellës plastik ose një shtresë të hollë vaji që mbulon sipërfaqen e pestos.)